BREVERÍAS MEXICANAS

Gerardo Mendive
compilador

MENDIVE MICHELINI, Gerardo (compilador) *Breverías mexicanas*, Editorial Ygriega, Madrid, 2024, 258 pp. 148X210 mm.
Papel EAN: 9788417666897 **ISBN**: 978-84-17666-89-7
Digit. EAN: 9788417666880 **ISBN**:978-84-17666-88-0
DL: M-9374-2024 Diseño de cubierta, Grafismo Y

© Editorial Ygriega

© Compilación, Gerardo Mendive © Textos, sus autores

Una vez superados los gastos de producción, los derechos de autor correspondientes a este libro serán donados a *Cáritas*

VENTA EN PAPEL: Los canales habituales de distribución en **España** y el **resto del mundo**. Además, entre otros muchos canales en América:

Argentina * CUSPIDE.COM http://www.cuspide.com/ * MANDRAKE https://www.mandrakelibros.com.ar * OZONUM Mercado Libre - Argentina https://listado.mercadolibre.com.ar/

Brasil * O ATENEUM www.oateneum.com.br

Colombia * LEMOINE EDITORES www.librosyeditores.com * BIBLIOSTORE - Mercado Libre https://listado.mercadolibre.com.co/ * LIBRERIA DE LA U www.libreriadelau.com

Chile * VOY A LEER www.voyaleer.cl / * BIBLIOSELLER CHILE / * BIBLIOSTORE CHILE - MERCADO LIBRE / * EDUCALIBRO

Ecuador * POWER STORE BOOKS www.powerstorebooks.com * THE BOOKS LINK www.thebookslink.com

Méjico * MX BIBLIOSELLER https://mx.biblioseller.com/es/ * BIBLIOSTORE México - Mercado Libre https://www.mercadolibre.com.mx/ * Librerías GANDHI / www.gandhi.com.mx/ * Librerías GONWIL www.gonvill.com.mx / * CADABRA Books www.cadabrabooks.com

Perú *PERÚ BIBLIOSELLER https://pe.biblioseller.com/es/ * ALEPH IBD (Mercado Libre) https://listado.mercadolibre.com.pe/ * Librería SBS https://www.sbs.com.pe

Uruguay * MERCADOLIBROS (Mercado Libre) https://mercadolibros.uy/ * PALACIO DEL LIBRO S.A. www.libreriapocho.com.uy

VENTA DIGITAL: La **Casa del Libro** y otras plataformas.

España, TAGUS BOOKS http://www.tagusbooks.com/ TODOS TUS LIBROS/ CEGAL www.cegal.es AGAPEA FACTORY www.agapea.com **Canarias**. LIBRO TÉCNICO, Librería http://www.ellibrotecnico.com/ UNICORNIO, Librería http://www.unicornioweb.com **Colombia**, LIBRERÍA NACIONAL www.librerianacional.com **Méjico**, LA VENTANA, Librería https://laventanalibreria.com/ CASA DEL LIBRO, La Casa del Libro México Méjico, EDUCAL, http://www.educal.com.mx/LIBRERÍA DEL SOTANO, SA DE CV www.elsotano.com **Nicaragua**, LITERATO http://www.ebooks-literato.com.ni/

BREVERÍAS MEXICANAS

Introducción

Nunca agradeceré lo suficiente que al poco tiempo de haber llegado a México me hayan regalado un libro de Jorge Ibargüengoitia en el que el escritor guanajuatense afirma -con la contundencia que lo caracteriza- que si algo le cae mal de los extranjeros es que vengan a explicarnos cómo somos los mexicanos. Así fue como me llamé a silencio.

Sin embargo, no renuncié al afán de entender algo de la enorme complejidad que trasunta México. Fue entonces que comencé a recurrir a diversos autores que ofrecían algunas pistas para tal aproximación, lo que constituyó una de las líneas de trabajo dentro de mi Almacén de anécdotas, citas y afines.

Así pues, el presente trabajo reúne una amplia variedad de citas de diferentes autores convocados por lo que Salvador Novo identificara como "el capricho impune" de los compiladores. Algunos nombres como Carlos Monsiváis, Joaquín Antonio Peñalosa, Juan Villoro, Germán Dehesa, etc. aparecen con suma frecuencia y se convierten en pilares de la compilación.

Aun cuando los temas son disímiles, predominan alusiones a la idiosincrasia, la identidad. En no pocos casos aparecen imágenes prejuiciosas y estereotipadas que reducen la complejidad de lo real.

No dudo que este mosaico de citas generará sonrisas; así como seriedad, perplejidad y dolor.

El ordenamiento es alfabético a partir de la palabra que da entrada a cada texto, sin afinidad temática alguna. Es importante advertir que por lo general esos encabezados no proceden de las citas.

En la transcripción se han respetado las formas discursivas, así como la ortografía del original. En algunos casos las citas han sido tomadas de fuentes secundarias que las atribuyen a supuestos autores; nos hemos guiado por estos señalamientos. Por último, cabe aclarar que únicamente se añadió la fecha cuando se consideró conveniente.

Ojalá este caleidoscopio de fragmentos pueda ser de interés para el lector.

Pueblo de Santa Cruz Atoyac, Ciudad de México
febrero 2024

* abarrotados
El país está abarrotado, inundado de tiendas de abarrotes. Los ranchos, los pueblos, las barriadas de la ciudad, desfile nacional de tiendas, una por esquina, una frente a otra, codo con codo. Dios da para todos. Cualquier cuarto es bueno para improvisar una tienda, el zaguán, la recámara, la sala, la cochera. Mal síntoma. Huele a subempleo, a peor-es-nada. No se vive, se sobrevive. La tienda nos da para comer, ahí la vamos pasando.
Joaquín Antonio Peñalosa

* abusados
Las grandes fuentes de riqueza de la patria mexicana benefician a unos cuantos, que precisamente son los que se esfuerzan en fomentar el patriotismo de los demás.
Nikito Nipongo

* abuso
Los millones de indígenas, descendientes de los más antiguos dueños de esta tierra, siguen siendo los más desposeídos. Sobreviven en regiones de refugio con sus lenguas y cultura, vistas por muchos con desprecio y a veces con el deseo de que desaparezcan como tales.
Miguel León-Portilla

* acarreo
(…) es una práctica socorrida donde la gente es convocada al ritual de las promesas, de la fe ciega y las necesidades. El acarreo es el viaje en autobús de las ilusiones y las esperanzas, es el *tour* ilusorio de los cambios que los políticos aprovechan a su favor sin necesariamente hacer ninguno.
Los beneficios del acarreo es que los convocados

asumen el acto como un día de fiesta, como un paseo familiar, vecinal e incluso municipal que no pagan, aunque el costo resulta ser muy alto. Como el fin justifica los medios, ser acarreado puede traer la posibilidad de un viaje en autobús con alimentos incluidos para conocer zonas alejadas en su vista o deseos por venir, pero que nunca llegan.
Guadalupe Loaeza

* accidentada
Yo sufrí dos accidentes graves en mi vida, uno en el que un autobús me tumbó al suelo... El otro accidente es Diego.
Frida Kahlo

* acción
Un pintor de retablos describe un milagro. Un buen pintor lo ejecuta.
Xavier Villaurrutia

* acelerados
Ya está Santa Claus por todos lados. Un año de estos, el gordo barbón va a dar El Grito.
Francisco Hernández, octubre 1998

* acentuación
Un día mi nieto me preguntó:
-Abuelo, ¿pendejo se acentúa?
Y respondí:
-Sí, hijo, con los años.
Andrés Henestrosa

* aceptación
Lo mágico, lo fantástico y lo maravilloso está siempre a

punto de suceder en México, y sucede, y uno sólo dice: pues sí.
Augusto Monterroso

* aclaración
Con la excepción parcial de la Cancillería, la Secretaría de Hacienda y el Banco de México, los empleos públicos en el país son antimeritocráticos. El nuestro es un sistema de amiguismo a gran escala.
Jorge G. Castañeda

* aclarando
¿Cómo dice que dice que me dijo?
Mario Moreno, *Cantinflas*

* aconsejar
(…) en nuestra cultura no es lo mismo tomar atole a que te den atole con el dedo, ésa sí es una acción eufemística que nos define una conducta de engaño o que nos han embaucado. Aquella frase de las abuelas: "No dejes que te den atole con el dedo", representa la sabia filosofía gastro-lingüística de la sabiduría culinaria y las mañas masculinas.
Y qué decir de esa otra frase determinante: "Ese muchacho tiene atole en las venas", es una locución altamente sugerente en el mundo femenino sobre la actitud y conducta de los hombres que son flemáticos, insensibles a las emociones y poco afectivos.
Guadalupe Loaeza

* acotación
Al cabo que ni quería.
el Chavo del 8

* acto

Y, abrumado, me detuve cuando me disponía a consignar lecciones y aportaciones de Juan. No es para tanto; no convirtamos un acto en una conspiración de elogios a manera de hemiciclos. Créeme de veras, Juan, si te digo que seguiré viéndote como la admirable fábula de la que nadie, jamás, podrá desprender una moraleja.
Carlos Monsiváis en el homenaje a Juan de la Cabada, 1979

* actual

Pasaron los años y los sexenios y de pronto, cuando México se disponía a transitar al siglo XXI, se encontró de nuevo en 1900. Como si el tiempo se hubiese detenido.
Nada había cambiado, ni siquiera las expectativas. Eran las mismas que había publicado *El Popular* el 31 de diciembre de 1899: «Para que México siga su avance en el siglo XX falta que el gobierno se ponga a la altura del esfuerzo y del avance del pueblo, multiplicando las escuelas, abriendo paso a la justicia que hoy sirve al poderoso; extirpando el caciquismo; dejando al pueblo el libre ejercicio de los derechos democráticos para que el poder quede en manos de hombres ilustrados, probos, patriotas y progresistas. Y México, fortalecido por la instrucción, la justicia y la aptitud para el trabajo, llegará a la cima de su engrandecimiento».
La Patria, desconcertada, miró hacia atrás, y con profunda tristeza observó que irremediablemente se habían perdido otros cien años.
Alejandro Rosas

* actualizados

En el escaparate de una librería católica, se exhibía un ejemplar de la Biblia con este anuncio: Novedad.
Joaquín Antonio Peñalosa

* adaptación
¿No tiene para pagar con un billete más apegado a la realidad?
escuchado en una cafetería cuando un cliente intentó pagar con un billete de $ 500

* admiración
Yo soñé escribir porque como en mi pueblo no había libros, había uno solo que recorría todas las casas, íbamos a verlo y a olerlo, porque la letra perfuma, la letra tiene aroma.
Andrés Henestrosa

* adopción
(…) Me abrazaron en orfandad.
Rieron conmigo…
Poco a poco me fui asimilando
su desmesura, colorido… locura.
Abrazaron mi tristeza,
me adoptaron en tardes
de tequila y melancolía. (…)
Abrazando y abrazado.
Hijo adoptado, huérfano.
Agradecía…
Día a día.
Mágico, violento sensible
hijo adoptivo, de nueva madre.
Así, así México, fuiste mío.
Nelson Majerczyk

* advertencia
Comprobado: como México no hay dos y si nos descuidamos tantito no va a haber ni uno.
Germán Dehesa

* afanes

A ti, a mí, a Chava Flores, a todos de pronto la vida se nos pone difícil. Parientes que mueren; parientes que se emperran en no morirse; hijos que salen genios y hay que pagarles el doctorado; ahijados que salen tarugos y hay que mantenerlos hasta su atareada muerte; mamás que no quieren molestar, pero que friegan hasta más allá de la tumba. Los mil afanes de la vida. La estimulante vulgaridad de los días tan iguales y tan inéditos.

Germán Dehesa

* afección

(...) la Comititis, propia enfermedad sobrevenida en el seno de la noción democrática, enfermedad que ha cundido ya entre nosotros, y entre nuestros vecinos hace verdaderos estragos, consiste en querer referirlo todo a Comités, mientras más numerosos más característicos de tal epidemia; y en sustituir la verdadera cooperación social de cada uno por una vaga acción simbólica de conjunto que, generalmente, es como una red de mallas flojas por donde se escapan todos los peces.

Largas y aburridas sesiones; nombramientos de subcomités que, a su vez, acaban en nombrar juntas ejecutivas, y éstas, en comisionados diversos encargados de informar y de recoger datos de antemano bien conocidos; pérdida de un tiempo precioso; simulación, no siempre malévola, no siempre consciente, de que se hace lo que no se hace. Tal es la manera en que se manifiesta esta enfermedad de nuestras sociedades (...)

Alfonso Reyes

* afines
Al chile y al nopal, como a los políticos, cada vez se les descubren más propiedades.
dicho popular

* afrontar
(...) la subversiva risa de los fregados. ¿De qué se ríen? ¿De qué se reía Chava Flores? Creo que la respuesta es sencilla. Se reía, se ríen, nos reímos de sabernos todos igualmente vulnerables, igualmente cursis, igualmente ateridos, igualmente fiesteros. Ni tu ni yo ni él queremos morirnos. Tu, yo, él nos moriremos. Todos iguales.
Germán Dehesa

* aglutinación
Se congregaron como familia los comercios en el centro de la ciudad de México. ¿Error de táctica? ¿No venderán mejor diez maleterías dispersas en diferentes colonias que codo con codo en la misma calle o edificio? (…) Más que el negocio les interesa la competencia y reconocen como enemigo al del gremio colindante (…) Un señor que compra un anillo de compromiso es un cliente menos para las funerarias y el que se empolva por gusto en una librería de viejo queda prácticamente descartado como comprador de ropa fina para caballero.
Luis Ignacio Helguera

* agradecido
Gracias, patria, y cuídate. Gracias por haberme hecho escritor y cuídate; sé fiel a tu espejo diario, pero ponte tus moños; (…) Gracias, patria, por educarme a la libertad y cuida la tuya de los policías del mundo. No dejes nunca que la derrota de la llamada izquierda

comunista signifique jamás el triunfo, perdóname el juego de palabras, de la más siniestra de las derechas. (...) Los veneros de petróleo que te dio el diablo, cóbraselos caro al mismo diablo, siempre que puedas; (...) vende todo lo que puedas, al mejor de los postores, pero no vendas tu alma, no la hipoteques, no la enajenes, patria; (...) Gracias, (...) suave patria, patria suave y dulce, feroz y amarga, tierna y áspera suave patria mía, impecable y diamantina.
Fernando del Paso, 1992

* ahorradores
Los regiomontanos son los únicos nacionales con fama de tacañería. (...) Los mil y un chiste de la tacañería de Monterrey, nacen, crecen y se desarrollan por cuenta y riesgo de los propios regiomontanos. Así demuestran que se puede ser al mismo tiempo actor y publicista de sí mismo, con lo que se ahorran los gastos de propaganda.
Joaquín Antonio Peñalosa

* ajuste
Agustín Lara nace en la Ciudad de México el 30 de octubre de 1897 (con tal de ajustarse a las grandes fechas inaugurales y a los escenarios del trópico, proclama su nacimiento en 1900 y en Tlacotalpan, Veracruz).
Carlos Monsiváis

* Alameda
(...) un Arca de Noé muralista que conjunta todos los símbolos de México.
Carlos Monsiváis

* albur

El albur mexicano es una esgrima verbal con la que se pelea sin herir y se vence sin derramar sangre. (…) El albur fino, que idealmente no debe contener palabrotas, puede ser el de mayor eficacia devastadora y lleva la ventaja de poner fuera del juego a los que esperaban una sarta de majaderías. (…)

Explicar la música es hablar de lo inefable. Explicar un albur es echarlo a perder. (…) El buen albur es muestra de amistad. Eraclio Zepeda señala con razón que un cuento se le puede contar solamente a las personas que uno quiere. Con el albur pasa más o menos lo mismo. Alburear a desconocidos puede ser riesgoso. (…) El albur suele hacer víctimas a partir de significaciones inesperadas que se descubren cuando ya cayó el albureado.

El albur mexicano tiene abolengo tan español como náhuatl. Se invocan los "cantos de cosquilleo" (*cuecuechcuicatl*) prehispánicos, algunos conservados hasta hoy, aunque su autenticidad no sea segura. (…)

Infinidad de albures involuntarios merecen un tratado. Quien los pronuncia no siempre es responsable, sino quienes los escuchan e interpretan. (…)

En la ciudad de Pachuca, desde hace (…) años, durante octubre tiene lugar un Festival del Albur. Se han celebrado (…) concursos nacionales.

Fernando Díez de Urdanivia

* alcaldes

La verdad es que los alcaldes, con muy raras excepciones, no son gente de la devoción popular. Unos por ineptos, otros por codiciosos y más de cuatro por ambas cosas. Se sabe de varios que para la ceremonia de la inauguración de un foco, gastan más de lo que costaría todo un alumbrado y hay quienes dedican todos sus desvelos a edificar un kiosco, cuya placa consabida los destina, según suponen, a la posteridad. No faltan, por supuesto, quienes entran con necesidad de media suela en los zapatos y salen dueños de una flotilla de automóviles. Ni son escasos los que, si son honrados, resultan ineptos. Menos mal, dice la gente, que sólo duran tres años. Si estuvieran más tiempo al frente del cabildo, los municipios quedarían como un sembrado después de la langosta o como una cristalería a la mañana siguiente a una juerga de elefantes.

José Alvarado

* alegato

(...) Rafael F. Muñoz, autor del celebrado libro *¡Vámonos con Pancho Villa!*, distribuyó en cierta ocasión el texto de unas declaraciones suyas donde está de manifiesto su adhesión al debatido personaje. Éstas son algunas de las vehementes expresiones de Muñoz:

-Si robó, fue como hombre, pistola en mano, con peligro de su vida, no con argucias ni con las ventajas de un puesto oficial... No aceptó consignas de nadie. Su pensamiento fue siempre claro: se le entendía cuanto hablaba, sin necesidad de que otro explicara el sentido de sus palabras. Obraba según su deseo y su impulso, y no por indicaciones llegadas de otras partes... Para aquietarlo, se le dio un rancho en el que trabajó de sol a sol, y no un contrato ni un puesto inventado para él, donde pudiera acumular millones de pesos sin esfuerzo... Atacaba a los poderosos y nunca incendió los hogares de los humildes. Peleó cuando otros huían. Mostró el pecho cuando otros mostraban las posaderas...

Antonio Acevedo Escobedo

* alegradora

Diego Rivera, en uno de sus murales del Palacio

Nacional, el tianguis de Santiago Tlatelolco, nos pinta la imagen despectiva que el mundo prehispánico tenía de la prostituta. La llamaban la alegradora; su tono era estridente, masticaba chicle, se colocaba chapopote en los dientes para llamar la atención y se pintaba las piernas con colores llamativos. Esta mujer era objeto de censura.
Santiago Ramírez

* alegría
(…) una de las paradojas emotivas del mexicano: sufre más mientras más alegre se encuentra, porque en gran parte su alegría no es sino burla de sí mismo, tantas veces burlado y por tanto, a través de una historia trágica tan llena de heridas que apenas comienzan a restañarse.
José Revueltas

* aliciente
Nuestro día puede ser una ruina pero en el horizonte hay carnitas... el oasis huele a cilantro.
Juan Villoro

* alivio
Un pobre mexicano, ¿cómo podría vivir sin esas dos o tres fiestas anuales que lo compensan de su estrechez y de su miseria? Las fiestas son nuestro único lujo (...) Durante esos días, el silencioso mexicano silba, grita, canta, arroja petardos, descarga su pistola en el aire. Descarga su alma.
Octavio Paz

* alternativas
Para el mexicano la vida es una posibilidad de chingar o de ser chingado.
Octavio Paz

* aluxes

Los celebrados *aluxes* mayas no son sino duendecillos traviesos y malévolos que deambulan por los bosques y penetran en las casas por las noches. Una de sus travesuras estriba en zamarrear las hamacas de los durmientes con el fin de despertarlos. Pero también pueden provocar enfermedades y tienen entre sus malos hábitos lanzar piedras a las casas y maltratar a los perros. Un campesino entrevistado por Villa Rojas asegura haberse encontrado con un *alux*. Así lo describe: "Es como un niño. Anda con alpargatas y sombrero, tiene también una escopeta y un perro. Este último es muy pequeño. En ocasiones, cuando un hombre va por el monte, suele oir disparos del alux y los ladridos de su perro; esto indica que está de caza. Los animales que mata son de 'puro aire' como él y su perro."
Roldán Peniche Barrera

* amabilidad

El diminutivo es la salsa de nuestra conversación. Ni es mexicano el platillo sin el picor del chile, ni la conversación sin el dulzor del diminutivo. Por lo que nos entra de picante nos sale de dulzura.
Joaquín Antonio Peñalosa

* amenaza

Mientras los pobres, que son como cuarenta a uno en nuestro país, no disfruten ventajas conocidas, y puedan comer con menos trabajo, la suerte de la nación será incierta y precaria.
José Joaquín Fernández de Lizardi

* amigos
El indio y la montaña se conocen, son amigos viejos.
Manuel Payno

* amolado
En mi casa éramos tantos hermanos que, cuando había queso *gruyere*, a mí sólo me tocaban los agujeros…
Álvaro Obregón

* análisis
Los mexicanos, me dijo un día Miguel León-Portilla, "somos muy maniqueos, le achacamos la mitad de nuestros males a España y la otra mitad a los gringos". Y así "nos quedamos muy tranquilos".
Adriana Malvido

* analistas
Los profetas solo aciertan cuando se refieren al pasado.
Jesús Reyes Heroles

* anfitriones
En Yatzachi El Bajo, Oaxaca, como en la mayoría de las comunidades indígenas y rurales del país, si un visitante llega de improviso se le da de comer lo que hay; si se le espera, "para que sienta que se lo quiere", se elabora un caldo de guajolote acompañado de un tamal de maíz y frijol envuelto en hojas de aguacate primero y luego en hojas de maíz (totomoxtle)
Cristina Barros – Marco Buenrostro

* antecedentes
En esta constelación, mestizaje de madres indias y padres españoles, en donde a ella le tocó la peor parte (…) Octavio Paz ya señalaba, al analizar literaria y

poéticamente el insulto, que en México y solamente en México, la hendida, la ultrajada, la violentamente penetrada, la "chingada" es la madre; el agresor, el que hiende, el que abruptamente, sin recato, penetra en la intimidad, el que "chinga" es el padre.
Santiago Ramírez

* anteriores
(...) los ya históricos reconocimientos al aguacate, al jitomate y al chocolate (tres palabras de origen náhuatl, tres generosas aportaciones de México al mundo, tres *viagras* virreinales) (...)
José N. Iturriaga

* antesala
Hace años que nuestros políticos tienen sentada a la historia en una oscura antesala. De vez en vez se le aparece un funcionario para decirle que el licenciado está ocupado, que vuelva otro día u otro sexenio. Ella espera con paciencia, aunque no ve el momento de que la reciban.
David Toscana

* antidemocrático
La marginación de muchos ha traído consigo grandes dificultades de acceso a la educación, no digo ya a la superior o media, sino incluso al ciclo completo de la primaria. (...) Ello ha permitido las expoliaciones, desigualdades y corrupción, haciendo a la vez distante la posibilidad de la democracia.
Miguel León-Portilla

* antípodas
Consigno la irritación a que conducía el reaccionismo de Vasconcelos, sus elogios del fascismo y de Franco, sus

ataques a Juárez. Imposible no admirar a Vasconcelos; imposible no detestarlo.
Carlos Monsiváis

* antisociales
(...) la página de sociales (...) debería llamarse de antisociales por clasista y discriminatoria. Sólo da albergue a quinceañeras y novias de la alta.
Joaquín Antonio Peñalosa

* antítesis
En México, el paisaje es ordenado, sereno, quieto, amplio, libre, y el hombre es todo lo contrario.
Efraín Huerta

* añorar
Mi nacionalismo no era tan áspero como el de ciertos políticos diplomáticos que no podían vivir en Europa porque los atormentaba la falta de los chiles serranos, pero no andaba muy lejos.
Andrés Iduarte

* apaciguar
Que no panda el cúnico.
Roberto Gómez Bolaños, *Chespirito*

* apariencia
[El mexicano] es sentimental y, como las piñatas, pintoresco por fuera y quebradizo por dentro.
Oswaldo Díaz Ruanova; citado por Eulalio Ferrer

* apátrida
Cuando era niño, un buen día mi padre me acercó un molcajete que rebosaba de salsa picante, acompañando

su acción con un fruncimiento del entrecejo y una mirada inequívocos: tenía yo que agregar a mi comida una buena cantidad de aquel diabólico preparado. Se resintió ante mi desconcierto y la timidez con que me serví la salsa. Al apenas probar aquello sentí como un tizón encendido dentro de la boca, y cuando mi padre vio mis lágrimas no pudo más. Ventiló su molestia con un irritado: "¿Qué le pasa a este chamaco? ¿Qué no es mexicano?".
Francisco González Crussí

* apercibimiento
Chingue a su madre el que se salga.
letrero que hace años estaba en la puerta de la cárcel de Santa Ana Maya, Mich.; nota de prensa

* apertura
El mexicano es muy curioso, es profundamente nacionalista, pero al mismo tiempo tiene un secreto: dejar vivir con absoluta generosidad y discreción a los extranjeros. Jamás nadie me ha dicho qué debo escribir, qué debo callar, qué debo decir. En eso los mexicanos son ejemplares.
Álvaro Mutis

* aporte
Es ilustrativo ponerse a escuchar una conversación entre indígenas, donde el castellano que intercalan se reduce con frecuencia a las "malas palabras" de que carece su lengua.
Fernando Díez de Urdanivia

* apropiarse
Os llamáis los herederos de la Revolución, quizás

porque la consideráis como regalía que por derecho os corresponde disfrutar. Y se os llena la boca hablando de ella y presumiendo de estarla continuando.
Luis Cabrera; citado por Jorge Mejía Prieto

* apurados
Ahora se vive más aprisa. No hay tiempo (…). Y hasta el puchero ha cedido el paso al "lunch comercial".
Rafael López, 1916

* arbitrariedades
(…) la conciencia de muchos sobrevaloró la fornicación de tal manera que se la juzgó no sólo como el pecado más grave, sino casi como el único. De suerte que hay por ahí un ejército de creyentes que jamás se duelen de explotar al prójimo, ni se arrepienten de escamotear el salario mínimo, ni se confiesan de robar honras ajenas. Pecadillos sin importancia al lado de la lujuria. Los pecados "sociales" apenas son cualquier cosa, los pecados sexuales, ésos sí son los meros buenos. Con lo que estas almas pías reducen los diez de la ley de Dios al "sexto" mandamiento. (…)
Lo que en el hombre es cana al aire, en la mujer es calvicie. Lo que en el hombre es aventura; en la mujer, desventura. En el monte Sinaí de los mexicanos, hay dos tablas de la ley. La benigna, la flexible, la perdonadora se escribió para los varones. La rigurosa, la exigente, la condenatoria, está dedicada a las mujeres.
Joaquín Antonio Peñalosa

* aritmética
Luis Cardoza y Aragón decía: "Los tres grandes muralistas mexicanos son dos: Orozco".
Juan Gelman

* arrojado

"Más valiente que el primero que se comió un zapote prieto".

El aspecto externo del fruto maduro del zapote prieto es feo y su interior es de un negro fúnebre, razones que obligan a meditar en el inmenso valor del hombre que se atrevió a comerlo, valor semejante al que necesita todo hombre que emprende una tarea peligrosa.

dicho popular; comentario de José Pérez

* arte

Una descomunal charola de Michoacán repleta de mangos, mameyes, toronjas, zapotes, plátanos. Lo cual es un *cezannismo* elevado a la potencia oriental mexicana.

José Moreno Villa

* artistas

Por lo que toca a las artes populares sólo se puede decir que el artífice oaxaqueño es impar en México, que para él se inventó la palabra mixteco que quiere decir, oribe, orífice, artífice. Mixtecos eran en la antigüedad los que labraron las joyas preciosas; mixtecos los que idearon y realizaron las grecas y estelas de Mitla y Monte Albán; los que en la era colonial esculpieron las cornisas y ventanas de las iglesias y pintaron el árbol genealógico de Santo Domingo (...)

Andrés Henestrosa

* asertivo

Al que madruga, Dios lo ayuda y este cuate me madrugó pero si bien bonito.

Chava Flores

* asimetrías
Sabemos que todos tenemos los mismos derechos, pero muchas veces no estamos en condiciones de exigir que se nos respeten.
Un albañil borracho y un licenciado borracho, serán iguales a los ojos de Dios, pero no a los de la policía.
Jorge Ibargüengoitia

* asociaciones
¿Es realmente vestirse lo que hace la novia o más bien se está envolviendo para regalo? (…) El traje de novia es como una Fuente de Petróleos o un Monumento a la Raza de la pureza.
José Joaquín Blanco

* atenuante
Fue sin querer queriendo.
el Chavo del 8

* autocracia
"Mi palabra es la ley". He ahí la clave de los problemas nacionales. ¿Cómo que "mi palabra es la ley"? ¿Qué no se supondría que "nuestra" palabra es la ley? ¿Cómo puede ser que alguien pueda cantar así, públicamente, tal aberración moral, no sólo sin ser amonestado sino hasta siendo aplaudido?
¿Cómo podía ser que los testigos, lejos de censurarlo y llamarlo a enmienda, manifestaran su acuerdo con estruendosos "ayayays"?
"¡Mi palabra es la ley!". La cabal síntesis de la dictadura. Todo se entiende: éste rellena ánforas "porque mi palabra es la ley"; a aquel lo maté "porque mi palabra es la ley"; éste va en sentido contrario, no da recibos, no hace cola, tiene tres esposas (golpeadas), toca el claxon

a las tres de la mañana "porque mi palabra es la ley"; ese otro prohíbe minifaldas y acosa gays "porque mi palabra es la ley"; éste cierra la calle "porque mi palabra es la ley"; el de más allá roba dinero del erario "porque mi palabra es la ley", etcétera.
Guillermo Sheridan

* autodidacta
Cursé sólo hasta el cuarto año de primaria, ya que tuve que dejar la escuela para ayudar a mis padres en las labores del campo [en Santa María Tavehua, Oaxaca]. Siendo pastor y por azares del destino llegó a mis manos un ejemplar de la revista "Selecciones del Reader' s Digest" y un ejemplar del boletín de información de la URSS (Unión de Repúblicas Socialistas Soviéticas), los cuales fueron mi motivación para aprender el idioma castellano. Poco a poco empecé a entender algunas palabras y cuando no comprendía el significado de alguna, la anotaba en una pequeña libreta, ya en la noche al llegar al municipio pedía prestado el diccionario enciclopédico para buscar las palabras, al siguiente día volvía a leer el texto para comprender mejor, y así poco a poco fui conociendo la lengua castellana. Hasta la fecha conservo el hábito de anotar las palabras difíciles, de esta forma es como aprendí a hablar el castellano.
Epifanio Isaías Méndez Pérez

* autorreconocimiento
No soy Superman, pero tengo mi ese.
grafitti en Tzitzindicuaro, Mich.

* autoría
Asomó por ahí cierto neologismo privativo de nuestro medio y cuya paternidad posiblemente haya de

atribuirse al inagotable Salvador Novo: "mandamases".
Antonio Acevedo Escobedo

* avalúo
Jorge Cuesta lo que vale.
Arturo Suárez

* aviéntate
Imperativo categórico, derivado del verbo aventar que, según el diccionario de mexicanismos, es lo mismo que tirar, echar al viento, arrojarse desde lo alto para caer naturalmente a lo bajo. Cuestiones de física elemental.
Cuando un perplejo mexicano, la cabeza dudosa y las ideas revueltas, solicita consejo a los amigos del alma, los meros cuates, con deseos que le resuelvan sus problemas de vida o muerte, no dudan los consejeros en recetarle un fulminante "aviéntate". (…) ¿Cómo ven ustedes, me endrogo para comprar la casa con tan altos réditos mensuales? ¿Me caso con Lucrecia o no me caso? Tú aviéntate. Nada de pensar y discernir. Prohibida la reflexión. El hombre decidido vale por dos. Y el aventado se arroja al vacío. Lo demás son cosas de la ley de la gravedad.
Joaquín Antonio Peñalosa

* avisados
Amigos extranjeros, si ante un plato de comida un mexicano les dice:
No pica; pica.
No pica mucho; pica.
Pica un poco; pica mucho.
Pica más o menos; pica un chingo.
Pica mucho; no pica, quema.
Pica un chingo; no pica, envenena
Juan Pablo Villalobos

* avistamientos

Erongarícuaro, Mich., sin fecha

Yo vivo aquí y por lo mismo le aviso a Rosa mi prima que vi cómo la abrazaba Ricardo y todo. Y yo pienso que este Ricardo se le arrima con malas intenciones. Y le advierto a Rosa mi prima que yo vi primero a Ricardo.

Con esto me despido

Guadalupe Castillo

carta enviada por radioescucha de las emisoras del Instituto Nacional Indigenista; citado en *Antena de recados*

* azahar

La señorita Bertha Carrasco, una de las cuatro caseras de mi casa, soltera ella porque, según sus propias palabras, "de las cuatro hermanas nada más no nos casamos tres", me explica con suspiros nupciales que el azahar, que condecora los ramos y las coronas de las novias y salpica las solapas de los novios, es el emblema del matrimonio porque el limonero es el árbol siempre verde, florido y con fruto.

Gonzalo Celorio

* barrocos

Aquí en México necesitamos del elogio superabundante, incesante, pomposo, oleoso, perfumado. ¡Guay del que se aparte de esta norma!

José Revueltas; citado por Jorge Mejía Prieto

* benéfico

Yo no diría que esto pasa sólo en México, pero sí afirmo que México es, desde Bernal Díaz del Castillo que no sabía escribir y escribió un libro genial, hasta Chava Flores (...), un país especialmente propicio para que los que no saben tal arte u oficio lo adquieran de golpe por obra del Espíritu Santo, de Conaculta y, lo más frecuente, del hambre.

Germán Dehesa

* beso

(...) aunque José Ortega y Gasset afirmó que: "Para el beso, la nariz y los ojos están tan mal colocados como mal hechos los labios", la tradición popular mexicana del siglo XIX no hace caso de tales incomodidades y dice que "Un beso es como el vaso de agua, no se le niega a nadie".

Alfonso Miranda Márquez

* bienestar

Aquí se está mejor que enfrente.

letrero en un bar que se encuentra frente al cementerio, en el puerto de Tampico; citado por Joaquín Antonio Peñalosa

* bienvenida

Se reciben clientes en conveniente estado de ebriedad.

letrero en la puerta de una cantina; cita de autor desconocido

* bohemio

La bohemia tiene un nombre extraño: el de una región del centro de Europa, de donde partían, muy probablemente, los gitanos (originalmente, "egiptanos", es decir, naturales de Egipto; pero en nuestro país se les llamaba húngaros; solían viajar en carretas, con sus violines, y con sus osos). Los bohemios, a quienes dio celebridad Murger con su novela, a la que Puccini puso música, eran los poetas, o músicos, o pintores, desinteresados del ganar dinero, viviendo al día en una miseria alegremente compartida; también connotaba el término un poco de desaseo, y otro poco de inclinación a vicios como el tabaco y el alcohol (específicamente el ajenjo) y poca tendencia a la vida familiar, a la formación de hogares sólidos. (...)

Juan de la Cabada (...) llena la mayor parte de los aspectos requeridos para obtener el título, ya pasado de moda, pero siempre renovado, de bohemio, un vago calificativo que tiene más de cordial y de afectuoso que de negativo o de cursi.

Rafael Solana

* bolero

(...) el limpiabotas que en nuestro país designamos bolero.

 Esta palabra viene de bola pues en la época virreinal o colonial, la grasa para calzado venía en grandes bolas, que movían con una mano para todos lados y con la otra tomaban la grasa, para irla desgastando parejo. Al mismo tiempo los de México capital silbaban algunas melodías con un corte muy especial. A esa música se le llamó bolero en honor de ellos y Ravel que fue un músico europeo, popularizó la palabra.

Ramón Llarena y del Rosario

* ¡bomba!
¡Tú eres manteca
yo soy arroz
Qué buena sopa
Haríamos los dos!
Desde que te vi venir
le dije a mi corazón:
¡Qué bonita piedrecita
para darme un tropezón!
citado por Juan de la Cabada

* botín
(…) el investigador de la lengua náhuatl Patrick Johansson (…), dijo que los españoles regresaron a Europa con un botín de palabras y hechos exóticos de una riqueza indescriptible, ya que al momento de la Conquista había más de 300 idiomas locales.
Fernando Díez de Urdanivia

* brujez
Estar bruja es lo mismo que estar tronado, pobre, sin dinero. (…) El país está poblado por una inmensa mayoría de brujas que tienen la bendita costumbre de estarlo declarando a cada paso. No se contenta el pobre con ser pobre, necesita estarlo diciendo. A sí mismo y a los demás. (…)
La brujez obsesiona hasta a los ricos. Porque quien no está bruja de hecho, por lo menos lo declara. Y ya dice el refrán que "donde lloran está el muerto". Nadie confiesa tener dinero, ni los millonarios. (…) A lo más dirán que apenas tienen con que irla pasando. (…) En México sólo hay brujas. Excepto los políticos. El pueblo está convencido de que ser político y dejar de ser bruja es lo mismo. Automatismo y verdad infalible. La otra

manera de abandonar la brujez es pegarle a la lotería. Por eso el mexicano que no se pierde de comprar un semanal "huerfanito", ha hecho de la Lotería una institución tan poderosa y necesaria como la Defensa Nacional o la Secretaría de Obras Públicas. (...)

Los mexicanos nos pavoneamos de "pobres, pero honrados". (...) Nunca la brujez se miró tan sublimada. Es un honor ser pobre si además se es honrado. Ante lo espiritual, lo material jamás se sobrevalora.

Un mexicano sabe, en la teoría y en la práctica, que el dinero no es un fin en sí mismo, sino un medio. Instrumento y peldaño, no límite y frontera. Lo necesita para ser feliz, pero entendido de que el dinero no iguala a la felicidad.

Joaquín Antonio Peñalosa

* burocracia

Así como dicen los letreros en los gimnasios "Si no duele, no sirve", en cada oficina burocrática hay uno que dice "Si no es complicadísimo, no sirve".

Antonio Garci

* buscarse

-Pero es que yo no me he encontrado a mí mismo, papá.

Y se quedan diciendo que no se han encontrado a sí mismos hasta que se les empieza a caer el pelo. De allí pasan directamente a hablar de la acidez.

Jorge Ibargüengoitia

* caifán
Si bien caifán es una palabra de etimología incierta, todo parece apuntar a que se trata de un término chicano, heredero del *spanglish* "cae *fine*", en donde *fine* es traducido como "bien" o "a todo dar". El caifán sería, pues, el tipo que "cae *fine*", que cae bien, que cae a todo dar: el simpático.
Nicolás Alvarado

* campechano
Adjetivo sin ninguna relación con campo o campesino. Viene de *Campeche*, estado y ciudad de México, cuyos habitantes tienen fama de muy llanos en el trato y dispuestos a divertirse.
Héctor Zimmerman

* campeona
Alberto Nájar habla de la "campeona nacional de albures", Lourdes Ruiz, comerciante de Tepito, que ofrece talleres de la materia donde hay mayoría de alumnas. (…)
Lourdes plantea –como todos los que exaltan el terruño- que su barrio es comandante en la especialidad y considera con razón que la destreza mental requerida puede favorecer el aprendizaje académico: "Si la SEP diera clases de albures, seríamos muy buenos en matemáticas, física, química o geografía, porque todo es usar el cerebro".
Fernando Díez de Urdanivia

* canción
Estoy escuchando en la radio (…) cuando ponen la famosa ranchera, que dice "De piedra ha de ser la cama,

de piedra la cabecera…". Me paso el resto de la mañana intentando descifrar esos versos.

"De piedra ha de ser la cama, de piedra la cabecera, la mujer que a mí me quiera me ha de querer de veras". Entiendo que la mujer que le quiera ha de quererle de veras, a eso aspiramos todos.

¿Pero por qué la cama y la cabecera, más allá de la necesidad de la rima, han de ser de piedra? (…) horas después todavía sigo preguntándome qué rayos ocurre en esa ranchera que tanto éxito, por otra parte, tiene.

Juan José Millás

* cantinflear

La figura de Cantinflas y la cantinflada han sido comentadas por numerosos estudiosos del *ser mexicano* y *lo mexicano*. (…) Según el diccionario, *cantinflear* es hablar de forma disparatada e incongruente sin decir nada. (…)

La cantinflada también le sirve al lépero para burlarse de la pedantería, la grandilocuencia y la solemnidad de las clases altas heredadas del porfiriato. El mensaje es: así como no entiendo tu hablar pedante, tú no entiendes mi lenguaje popular. (…) El discurso de Cantinflas funciona de maravilla como el choteo del habla confusa de los políticos mexicanos posrevolucionarios de todo signo que hablan con fluidez y seguridad sin decir nada.

Rafael Barajas, *El Fisgón*

* característicos

(…) los tacos de canasta con garrafones de salsa verde, que el vendedor prefiere despachar en el mostrador de su propia bicicleta.

José Joaquín Blanco

* caracterización

El fruto más pulido, más comedido, más bien educado que yo conozco es el aguacate. Viste un pellejo liso y negro como de hule fino. Tiene un solo hueso o semilla, casi tan grande como el total de su cuerpo. Y la carne es una mantequilla verdosa que no se adhiere al hueso. No tiene, pues, jugo que chorree, dureza que esquivar, acritud ni dulzura excesivas. (…)

Lo más opuesto al aguacate es el mango, fruta chorreosa, sumamente rica en jugo y con una carne que apenas puede separarse del hueso.

José Moreno Villa

* caricias

Así como Obregón hizo famosa su frase de que "Nadie resiste un cañonazo de 50 mil pesos", Calles tenía una frase parecida: "No hay diputado o senador que se resista a las caricias del secretario de Hacienda". Esta Secretaría es la que controla y reparte el presupuesto del gobierno federal; por lo mismo, puede disponer de los recursos discretamente y según los intereses políticos del momento.

Refugio Bautista Zane

* carta

Me basta con mirar la larga, desgarrada y tenaz historia de mi país; me bastan las pirámides, los templos, el helado de guanábana, el Lago de Pátzcuaro y el escándalo de las bugambilias para saber que sí podemos; que mi país sigue, y que tan cierto como el naufragio es la posibilidad del rescate y de la inauguración del futuro. No deseo que mi país vuelva a ser como antes; quiero con toda mi alma que sea mejor que antes; que sea tan digno y tan justo como nunca antes. Por eso te escribo,

amigo, lector, mujer, hombre joven e idealista, o atardecido y sabio. En este momento, todos nos necesitamos. Ninguna buena idea, ningún proyecto viable, ninguna innovación puede ser desperdiciada, o empobrecida en el triste beneficio personal. Hoy más que nunca tenemos derecho a soñar, pero a condición de que ese sueño se someta al juicio de la lucidez; se transforme en proyecto y salga a la luz para beneficio de todos. Si hoy la muerte nos muestra los infinitos e impensables modos de su perversión, es tarea de todos los que estamos del lado de la vida imaginar y compartir los incontables proyectos de la resurrección. Te lo digo aquí y por escrito: trabaja, colabora, comparte tus buenas ideas, imagina, déjate ganar por la alegría; no tengo la menor duda: el amanecer es de nosotros.
Germán Dehesa, 1995

* castigo
Si tú matas a una gente en una comunidad indígena, es casi seguro que la comunidad te aplique el castigo de trabajar para la viuda. Esa es tu condena. La justicia de los mestizos te mete a la cárcel, con lo que deja dos viudas.
subcomandante insurgentes Marcos

* casualidades
México es, entre otras cosas, el paraíso de las coincidencias improbables.
Juan Arturo Brennan

* catalogación
Lo que se llama en México arte popular, en un sentido que disimula mal su sentido peyorativo, es en realidad la supervivencia de la tradición plástica prehispánica (...)
Diego Rivera

* categoría

En México son señoritas casi todas las mujeres. Bendito sea Dios. Hasta las divorciadas. Señoritas son las maestras de escuela, las empleadas de tiendas, las enfermeras de hospitales, las secretarias de cualquier oficina pública y privada, las recepcionistas de consultorios, las meseras de cafés y (…) cualquier novia que pudiera convertirse en esposa. Mujer que trabaja, es preciso graduarla de señorita. No sólo por sí o por no, sino porque a ver si así le hacen caso a uno.
Joaquín Antonio Peñalosa

* causa

Escribí Pedro Páramo porque quería leerlo.
Juan Rulfo

* certeza

Es importantísimo que todos tengamos conciencia histórica, porque si se tiene memoria se sabe quiénes somos; y si sabemos quiénes somos, sabremos hacia dónde vamos. Tengo plenas esperanzas y creo que México saldrá adelante.
Miguel León-Portilla

* certidumbre

[Debemos] volver la mirada sobre nosotros mismos, nuestra historia de tan profundas y ricas raíces y sobre nuestro árbol de la esperanza que aún en plena tiniebla está poblado por los murmullos del amanecer.
Germán Dehesa

* chahuistle

En 1692 la plaga del chahuistle había devorado las cosechas y los indios, enloquecidos por la hambruna, se

lanzaron contra el palacio virreinal para acabar con los españoles y saquear sus graneros.
Héctor de Mauleón

* chamba

"La chamba" (este anglicismo con el que en México se le llama al trabajo, proviene de una deformación de la *Chamber of Comerce,* la institución estadounidense que se encargó de reclutar masivamente mano de obra mexicana durante la Segunda Guerra Mundial; los mexicanos que querían conseguir trabajo debían presentarse en las oficinas de la *Chamber of Comerce* de sus ciudades y como decían "*voy a la chamber*"... pues de ahí vino "la chamba").
Antonio Garci

* changarro

Equivale a tenderete, estanquillo, puesto semifijo, tiendilla de mala muerte. Señal del subdesarrollo económico en que vive -léase sobrevive, léase medio muere-, la gente de los pueblos y barriadas urbanas. En cada esquina, un changarro. Con 40 refrescos, 70 chicles, 17 jabones, 5 escobas, 6 cajetillas de cigarros y un gato.
Joaquín Antonio Peñalosa

* chela

¡Ah, qué cosa tropical: la chela! En tarro, bote, botella o botellita; rubia o morena, siempre de categoría; inspiradora de eructos, habilitadora de mingitorios, congregadora de corros en las esquinas, a la orilla de la banqueta, al lado de las canchas después del partido. Decente y modestita, la cerveza, que no es mal vista sino cuando cumple la media docena, y aun así, se hace

pasar como quinceañera en relación con la cuba, el *highball*, los submarinos tequileros.   .
José Joaquín Blanco

* chicano
Perteneciente a la colectividad mexicana de los Estados Unidos. Término compuesto por la sílaba inicial de *Chihuahua*, estado fronterizo por donde ingresaban los inmigrantes clandestinos, y la terminación *cano*, propia del mexicano.
Héctor Zimmerman

* chilangos 1
(...) Nos llamaban chilangos, término de etimología incierta, la hipótesis más confiable de cuyo origen es el maya *xilaan*, que significa "de pelo revuelto o encrespado". Éramos, pues, los desgreñados, los greñudos, los Greñas.
Nicolás Alvarado

* chilangos 2
México capital: la ciudad de los palacios; se conoce a sus habitantes por chilangos. Palabra que proviene de huachinango, según Andrés Henestrosa que se apoya en Fray Servando Teresa de Mier. Huachinango es nombre que en náhuatl y en zapoteco significa rojo, rojizo, como el pez; alude al color rojizo de las mejillas de los mexicanos que viven en zonas altas.
Joaquín Antonio Peñalosa

* chile
A veces me pregunto qué oscuras fuerzas impelen a los mexicanos a deleitarse en esos chiles de un picante insoportable que usan como condimento en su comida.

Me vienen a la mente dos legados culturales.

En primer lugar, las oscuras fuerzas de los sangrientos sacrificios consagrados al monolito azteca; en segundo, la no menos lóbrega actitud de los místicos españoles, quienes veían en el cuerpo una lamentable carga que le impide al espíritu elevarse, por lo que deberá sometérsele a austeridades, sufrimientos, privaciones y mortificaciones.

Sólo la conjunción de estas dos propensiones ascéticas explicará cómo la placentera experiencia de comer puede transformarse en un penoso sacrificio.

Francisco González Crussí

* chingada

En sus breves y desgarradas, agresivas, chispeantes sílabas (...) se condensan todos nuestros apetitos, nuestras iras, nuestros entusiasmos y los anhelos que pelean en nuestro fondo, inexpresados. Esa palabra es nuestro santo y seña (...) Conocerla, usarla, arrojándola al aire como un juguete vistoso o haciéndola vibrar como un arma afilada, es una manera de afirmar nuestra mexicanidad... Toda la angustiosa tensión que nos habita se expresa en una frase que nos viene a la boca cuando la cólera, la alegría o el entusiasmo nos llevan a exaltar nuestra condición de mexicanos: ¡Viva México, hijos de la Chingada...! ¿Quién es la Chingada? Ante todo, es la Madre. No una Madre de carne y hueso, sino una figura mítica (...) La Chingada es la Madre abierta, violada o burlada por la fuerza. El "hijo de la chingada" es el engendro de la violación, del rapto o de la burla.

Octavio Paz

* chingados

Como bien apuntara Paz, nuestro "¡Viva México, hijos

de la Chingada!" es un disparo dirigido contra un enemigo imaginario.
Nicolás Alvarado

* ciclo
Nuestra historia es la de un desgaste continuo de vidas
enfermas, de trabajo esclavizado, de ignorancia abyecta,
que sólo rompe su círculo fatal, de hierro, mediante un
desgaste mayor, concentrado y sangriento, en la
revolución.
Carlos Fuentes; citado por Jorge Mejía Prieto

* científicos
La ciencia en México es magia y los hombres de ciencia,
magos. Saber algo en México representa, y es, un milagro.
Daniel Cosío Villegas

* cilindreros
Pero hablar de ética entre nosotros los periodistas es
como mencionar el cilindro: casi todos afirmarían que
lo pueden tocar, pero no muchos se ofrecerían de
voluntarios para cargar con él.
Manuel Buendía

* cinismo
A mediados del siglo XX el régimen de la Revolución
mexicana se consolidó (al parejo de las mañas de los
priistas) y la clase política terminó por cultivar una
picaresca llena de cinismo en la que se acuñaron frases
como estas: "Vivir fuera del presupuesto es vivir en el
error", "El que no transa, no avanza"; "Amistad que no
se refleja en la nómina es mera demagogia"; "Todo,
todo antes que la renuncia"; "Yo estoy con el candidato
porque le debo muchos favores… y pienso deberle

más"; "De que lloren en mi casa a que lloren en la de otros, que lloren en la de otros".
Rafael Barajas, *El Fisgón*

* circunloquio
Los mexicanos somos buenos para el circunloquio. Hay una vieja broma que convertía el dicho "no te arrugues, cuero viejo, que te quiero p'a tambor", en el rebuscadísimo "no te contraigas, epidermis vetusta, que te deseo para parche redoblante".
Fernando Díez de Urdanivia

* claridad
¿Para qué te digo que no, si sí?
el Chómpiras

* claridoso
En la frase "sólo pedo o dormido se me quita lo jodido" se está estableciendo la existencia y la importancia del inconsciente con una claridad nunca lograda por la teoría psicoanalítica.
Eduardo Césarman

* clásico
Fernando Marcos, decano de los locutores mexicanos, afirmaba al final de cada partido: "El último minuto también tiene sesenta segundos". El refrán condensa la lucha contra el reloj. Cuando parece que todo ha transcurrido, la tribuna aún espera el milagro de los sesenta segundos.
Juan Villoro

* clasificación
La distinción de Octavio Paz entre revuelta, rebelión y

revolución tuvo en México una confirmación geográfica y cultural: el Morelos zapatista aportó la revuelta, el reclamo violento del subsuelo indígena, la voz del pasado. El norte aportó la rebelión, la imposición igualmente violenta de un proyecto moderno, la voz del futuro. Pero fue Michoacán, asiento del México viejo, el estado que convirtió la lucha en "un cambio brusco y definitivo de los asuntos públicos". "Ungida por la luz de la idea", escribe Paz, "la Revolución es filosofía en acción, crítica convertida en acto, violencia lúcida." Dos michoacanos típicos, un ideólogo y un político, transformaron revuelta y rebelión en revolución: Francisco J. Múgica y Lázaro Cárdenas. Del primero fue la idea, la crítica, la filosofía, la luz y la lucidez. Del segundo, los actos plenos e irreversibles.

Enrique Krauze

* cocina

No se trata de sostener la equívoca frase de José Vasconcelos, aquella de que "la civilización acaba donde empieza la carne asada", pero sí de observar que las más importantes cocinas de México (Puebla, Michoacán, Veracruz, Oaxaca y Yucatán, entre otras), se ubican en el centro, sur y sureste del país, y ello no es porque haya mexicanos de primera y de segunda (en términos geográficos y gastronómicos), sino porque el mestizaje culinario se dio entre hispanos y pueblos autóctonos sedentarios con gran desarrollo cultural.

José N. Iturriaga

* cocol

Con los sueños, con las esperanzas llegaron (en tiempos de la Revolución) también las carestías, las enfermeda-des, las epidemias –*cocolixtli* en lengua antigua-. (...)

Don Andrés Henestrosa relata que esta palabra usada por los antiguos mexicanos para referirse a las epidemias, pestes, enfermedades, tomó después carta de naturalización para designar cualquier calamidad, llegando abreviada, hasta nuestros días. -¿Qué tal, cómo te ha ido? -¡del cocol!
Juan Arturo López Ramos

* colaboracionistas
El imperio de los chingones terminará cuando los agachados dejen de admirarlos, pero mientras tanto ambos bandos colaboran en la destrucción del país.
Octavio Paz

* colas
Por colas entienden los cantineros, la mezcla de todo lo que va sobrando de cada copa o vaso de bebidas, consumidas incompletamente. Dichas colas se venden en las cantinas de ínfima categoría. En ellas se pueden identificar lo mismo restos de mezcal y de tequila, como de cerveza; vestigios de cognac y de whiskey, así como "sobrinas" de refrescos embotellados y aguas minerales. Las colas, tratándose de bebidas, equivalen al crioque y a la escamocha, cuando de alimentos se trata.
Francisco Padrón

* colegas
Maestro es el hombre dedicado a la enseñanza, y maistro es el oficial artesano de cualquier oficio.
José Pérez

* color
Cuando terminó la segunda guerra mundial, y coincidiendo con el macartismo, el entonces presidente Miguel Ale-

mán impulsó una doctrina llamada "de la mexicanidad" y la mayoría de los medios masivos de comunicación se unieron a esta campaña, fuertemente anticomunista.

En medio de este período surgió la idea de un "rosa mexicano". Alrededor de 1948, Ramón Valdiosera, un joven diseñador de modas, supuestamente inspirado en la indumentaria de los grupos étnicos y el color de las buganvilias, lanzó una colección que tuvo amplia aceptación entre las mujeres de la alta sociedad mexicana, encabezadas por actrices como Dolores del Río y María Félix. Cuando se presentó en el hotel Waldorf Astoria de Nueva York, los periodistas estadunidenses lo bautizaron como *mexican pink* y posteriormente recibió el espaldarazo de Alemán como una especie de embajador de la mexicanidad en el extranjero y entre el *jet set*.

Arturo Rodríguez Döring

* combinación

Los jarochos nacemos con un cascabel en el corazón, con un poco de tristeza en el alma y con muy poco dinero en los bolsillos, pero somos muy felices.

Agustín Lara

* comida

En el presente final de siglo y de milenio le toca a México vivir una importante invasión *cultural* (si es que así se le puede llamar) proveniente de Estados Unidos. En materia culinaria, a nuestros arraigados hábitos alimenticios seculares se agregan hoy, a nivel urbano y sobre todo entre las clases medias y altas, las hamburguesas y los *hot dogs*, las *pizzas* y otras muestras de *fast food*, o sea de *comida rápida*, cuyo mero nombre ya es una confesión: no se trata de dar gusto a los sentidos, sino de subsistir en medio de la velocidad citadina.

Por fortuna, la comida mexicana no se presta a tales aberraciones. Hasta nuestros más sencillos antojitos, que se pueden comer de pie en una esquina, están hechos para deleitar, no para deglutirse a la carrera.

En esta época de asechanzas y asedios foráneos que sufre nuestro país en lo político y en lo económico, debemos reforzar nuestra cultura, que es el modo colectivo de ser de un pueblo. En México el taco ha sido poderoso agente cultural, mucho más activo que la hamburguesa, por más que nuestro paladar, antes refrescado con frecuencia por aguas de chía u horchata, esté sufriendo ahora una *cocacolonización*.

José N. Iturriaga, 1998

* comienzo

Todo empieza con el taco de ojo. La mirada es el prólogo del apetito.

Juan Villoro

* comisionitis

¿Que hay corrupción? Se crea una Secretaría de la Contraloría de la Federación (hoy de la Función Pública) y sus correspondientes estatales para "combatirla". ¿Que hay contaminación? Se crea no una sino varias instituciones para "resolverla": una Secretaría del Medio Ambiente, un Instituto Nacional de Ecología, una Comisión Metropolitana para la Prevención y Control de la Contaminación Ambiental en el Valle de México, una Secretaría del Medio Ambiente del Distrito Federal, un Programa Integral contra la Contaminación Atmosférica. ¿Que hay delincuencia? Se instala una Comisión para atender el problema. ¿Que a pesar de eso sigue la delincuencia? Se organiza un Plan de Reacción Inmediata

y Máxima Alerta. ¿Que de todos modos no se quita la delincuencia? Se forma un grupo intersecretarial. ¿Que ni así mejoran las cosas? Se organiza una Reunión Nacional de Procuradores. ¿Que a pesar de eso sigue habiendo asaltos, robos, asesinatos y secuestros? Pues se instituye una Secretaría de Seguridad Pública. ¿Que no se compone esto de la delincuencia? Entonces se crea con bombos y platillos un Consejo Nacional de Seguridad Pública ¡todo un sistema nacional en el que participan gobernadores y procuradores que, nos dicen, logrará ahora sí, terminar con la criminalidad! (…)
Sara Sefchovich, 2008

* compañeros
Durante muchos años el exilio español reconstruía en la ciudad de México su doloroso lugar de origen, y ya en la noche se cantaba la *Internacional* y alguien le pedía a la mejor voz de la fiesta que recitara a Pedro.
Y siempre se decía el mismo poema y hasta los hombres volvían a sentir un dolor en el pecho y en los ojos lágrimas.
El poema era de Pedro Garfias y éste lo había escrito en la cubierta del barco *Sinaia*, que los venía trayendo hacia América.
Qué hilo tan fino, que delgado junco
(de acero fiel) nos une y nos separa
con España presente en el recuerdo
con México presente en la esperanza.
Paco Ignacio Taibo I

* compañía
Prefiero el viaje en los vagones de segunda clase: tienen vida y drama, historia; las gentes poseen una mayor sencillez de alma y se aprende mucho más, infinitamente

más que en los vagones de primera o en el pulman artificioso, vacuo, falso y aburrido.
José Revueltas

* compartido
Hasta ahora me han hecho 73 transfusiones. (...) Ahora llevo sangre de muchas personas, de distintas profesiones, de diferentes caracteres, de variados sentimientos. ¿Cambiará mi forma de ser, de sentir y ver el mundo? Soy un poco de todos.
Víctor Hugo Rascón Banda

* compatible
Lo Cortés no quita lo Cuauhtémoc.
Xavier Villaurrutia; citado por Andrés Trapiello

* competencia
"Pichicatos" son los mezquinos que todo lo cuentan, que todo lo miden, casi cuenta chiles. Peores son los gorrones y los que hacen caravana con sombrero ajeno.
Alfredo Ramos Espinosa

* complicado
Saber dar una limosna es muy difícil también, para que no parezca uno como orgulloso, ¿verdad? Saber dar una limosna es tan difícil como saber dar una mordida. ¿No sé si les molestará a los mexicanos que yo diga en un discurso esto?
León Felipe

* comprobación
Sabes que eres chilango si pides que llegue el verano para que refresque.
Alejandro Hope

* compromiso

Yo era hombre de libros, hombre para el estudio recogido, para el retraimiento de las musas bibliotecarias. Pero el mundo no se estaba quieto: se oían gritos en la calle; y ¡mal haya el que cierra sus puertas cuando alguien, afuera, llora o ríe! ¡Mal haya el que puede vivir contento o cómodo siquiera cuando al lado sufren los suyos! Mi país necesitaba de todos, hasta del más humilde peón o el más humilde discípulo de las letras. Cada uno ha puesto a contribución lo que tenía: unos el cuerpo, otros el alma; agua y fuego, tierra y aire; amor y hasta rencor. Y los últimos, los que sólo sabríamos casar unas palabras con otras, salimos a dar la noticia, a contar el caso: a solicitar la amistad y el interés de los pueblos -todos somos de la misma carne- por un pueblo que sufría y que no se daba por vencido, por un montón de hombres que habían acertado a poner sus manos sobre las interrogaciones más crueles de su historia.

En este discurso, como en ningún otro texto de [Alfonso] Reyes, se define su compromiso con México y con la Revolución, de la que intenta eliminar toda sombra de violencia salvaje.
Carlos Monsiváis

* comunidad

Sin ánimos de avasallar a nadie, me atrevo a decir que el que no ha vivido en un barrio anda menesteroso de atardeceres, de amistades, de hambres a medio trámite, de desesperaciones de amores de negociación difícil y de la prodigiosa dádiva de la exasperada amistad.

(...) la inexplicable cofradía de los que nada tienen y que, ante tamaño alivio, deciden juntar sus nadas para reunir algo de modo que un velorio sea menos gravoso, una boda tenga el debido boato, aquellos quince años no pasen desapercibidos (...)
Germán Dehesa

* comunitarias

Las fondas mexicanas son lo más bonito del mundo. Buenos días, provechito, ¿su arroz con huevito? Comparten su mesa contigo, te pasan la salsa, se despiden con cariño de pariente.

Juan Carlos Bautista

* concentración

En todos lados hay un puñado de gente extremadamente rica, separada y desvinculada de los demás. Pero en ningún lugar la brecha entre los más ricos (o el más rico) y los meramente ricos -por no decir entre los ricos y los pobres- es tan amplia como en México. El individuo más acaudalado del país es diez veces más rico que el magnate que le sigue (…) Ese individuo posee un patrimonio 50% mayor, según la lista *Forbes* de 2010, que los siguientes ocho mexicanos más ricos juntos, y probablemente que los veinte que siguen.

Jorge G. Castañeda

* concluyente

-Bueno… me voy.

-¿Y por qué te vas?

-Es que ya acabé de estar.

autor desconocido

* confianza

Como el mexicano poco cree esperar de sí mismo y de los demás, todo lo espera de arriba. Convencido por su vida misma, que los otros en vez de ayudar lo obstaculizan, desconfía de lo horizontal que son los hombres, conforme pone su esperanza en lo vertical, que es Dios, y en las fuerzas oscuras, misteriosas de la suerte, el destino y el "ya me tocaba".

La confianza del mexicano reside en estos cuatro soportes: la suerte, la lotería nacional, el gobierno y Diosito. Cuando las puertas se le cierran, espera un golpe de suerte, compra un "cachito" de la lotería, que por fortuna puede adquirir los lunes, miércoles y viernes; pide ayuda al alcalde, o en caso que le falle que no es remoto, aún queda el diputado, el senador, el gobernador, el ministro, el señor presidente y en última instancia, la manda a Diosito santo.
Joaquín Antonio Peñalosa

* confirmación
José López Portillo Weber decía que su abuela "viajó por Europa y Estados Unidos el tiempo necesario para convencerse de que lo mejor del mundo era Guadalajara".
José María Muriá

* conflictivo
La minoría próspera se considera sitiada por la mayoría insolvente.
Carlos Monsiváis

* confrontación
Convencidos de que los sucesos no son lo nuestro, hemos desplazado la visión de la historia: lo importante no es el escenario sino el público, donde estamos nosotros, compartiendo pepitas y elotes, dispuestos a refutar lo real con certezas ajenas a la evidencia, como la de que aquí nunca hace frío y si refresca y son las tres de la mañana, no hay nada que abrigue mejor que un suéter de Chiconcuac.
Juan Villoro

* confusión
Poco antes del sexenal "destape", [Pancho] Liguori tuvo
esta ocurrencia escatológica. (...)
Me siento muy estreñido
y al verme en tan triste estado
todo mundo me ha seguido
pues creen que soy el tapado.
Fernando Díez de Urdanivia

* consejo
(...) sugerencia que Zayas Enríquez propuso a [Porfirio]
Díaz en 1906: "Cuando la idea revolucionaria que frisa es
un hecho, la única manera de dominarla es encabezarla".
Enrique Krauze

* conservación
La vida depara misterios insondables: el aguacate ya
rebanado que entra con todo y hueso al refrigerador
dura más.
Juan Villoro

* consideraciones
Desde el momento de su concepción (o confección), no
ha habido visitante oficial extranjero que no haga
alusión a la "proverbial hospitalidad mexicana" en su
primer discurso y en el de despedida. Aquí cabe anotar
que estos discursos tienen, aparte de dicha alusión, tres
características comunes: la primera es que el que lo dice
viene con gastos pagados, por el Gobierno mexicano o
por el suyo propio; la segunda es que los que lo
escuchan, muy sonrientes y orgullosos, no han gastado
un quinto en atender al invitado; y la tercera es que los
vinos que se consumen en el banquete en que se dice el

discurso, están fuera del alcance de la masa popular y han sido, sin embargo, pagados por la misma.
Jorge Ibargüengoitia

* consigna
Hay una noción de justicia social en el dicho que señala el que "o todos coludos o todos rabones".
Eduardo Césarman

* contagio
(…) los negocios son contagiosos; es decir, si una persona saca un bracero y una sartén a la puerta de su casa y se pone a hacer quesadillas, en una calle en la que, desde tiempos de la colonia, a nadie se le había ocurrido hacer una quesadilla, puede tener la seguridad de que al mes habrá dos o tres quesadilleras en la misma cuadra. Además, los negocios, amén de ser contagiosos, son epidémicos; es decir, que primero se propagan, llegan a una etapa crítica, y por fin, tienden a desaparecer.
Jorge Ibargüengoitia

* contemporáneas
En tal mal estado se encuentra la carretera a Teotihuacán que los turistas creen que es de la época en que se construyeron las pirámides.
Nikito Nipongo

* contradicción
La verdad es que mientras más enojado estoy con este país y más lejos viajo, más mexicano me siento.
Jorge Ibargüengoitia

* contradictorio
Me conmuevo [mientras se canta el himno] sin poder

evitarlo, y no intento razonar mi emoción porque me
enfrascaría en un simposio unipersonal.
Carlos Monsiváis

* contrapoder
La prensa es (...) el freno para sujetar las demasías de los
gobernantes y poderosos, el apoyo más firme de la
libertad y el medio más eficaz de difundir
conocimientos y popularizar la instrucción.
Guillermo Prieto, 1847

* contrapropuesta
Después de tantas veces en que don Antonio Castro
Leal le puso prólogo a un libro, es cosa de ir pensando
en obsequiarle un prólogo, para ver si le pone libro.
Carlos León; citado por Rodolfo Coronado

* contrasentido
Nuestra paciencia ante las cosas aburridas se agotó
cuando le pusimos *alegría* al más insulso de nuestros
dulces (...)
Juan Villoro

* contrastes
En esta ciudad se ven dos extremos diametralmente
opuestos: mucha riqueza y mucha pobreza, muchas
galas y suma desnudez, gran limpieza y gran porquería.
fray Francisco de Ajofrín, 1763

* contundente
Queremos seguir siendo como somos, pero no
queremos seguir estando como estamos.
dirigente tarahumara

* conversión
A mi padre le costó esfuerzo ser mexicano.
Juan Villoro

* convicción
(…) porque tenemos la firme convicción de que lo que
necesita el país es escuelas y no soldados; y que el día en
que existan escuelas en cada barrio, en cada calle, en
cada pueblo, en cada encrucijada, habremos resuelto el
problema de nuestro porvenir en favor de la felicidad y
del verdadero engrandecimiento.
Memnón, Justo Sierra, 1871; citado por Blanca Estela
Treviño

* convivencia
Don Erasmo Castellanos Quinto, el inolvidable
educador mexicano, maestro de varias generaciones y
ejemplo de hombre bueno y sabio, fue invitado en cierta
ocasión por un grupo de alumnos suyos a tomar unos
cafés "con piquete". En un momento dado de la alegre
reunión, alguien le pidió que pronunciara unas palabras
alusivas. Y el maestro, solemnemente, improvisó así:
A la luz de los quinqueses,
sentados en los sofases,
tomando nuestros cafeses
me acuerdo de sus mamases.
Rodolfo Coronado

* cooptados
De los oposicionistas arrepentidos es el reino del
presupuesto.
Nikito Nipongo

* correspondiente
La verdad es que la historia de México es a imagen y semejanza de su geografía: abrupta, anfractuosa.
Octavio Paz

* corrido
El corrido era el periódico de los analfabetas, el noticiario accesible en poblados alejados de los medios de comunicación más o menos rápidos. En buena medida, era el formador de la opinión pública acerca de los acontecimientos nacionales.
Jas Reuter

* cosmética
Cuando yo me inicié en el periódico *Excélsior* jamás se hablaba de una colonia pobre. Todo había que esconderlo.
Elena Poniatowska; citado por Cecilia González

* cosmovisión
(…) el antiguo mexicano [percibía] no sólo la insignificancia de la vida, sino además la vida como sufrimiento. Lo que hace sufrir al hombre, lo que le hace llorar no es la muerte, sino la vida misma, la incertidumbre que es la vida humana sobre la tierra. Los mayas llamaban al niño recién nacido "prisionero de la vida".
Juan M. Lope Blanch

* costumbre
De la presencia aleatoria de un señor deduje que me encontraba ante un caso más, aunque para mí fuese el primero, de ese fenómeno tan mexicano conocido como "la casa chica". Mi vecina casi no se movía de su apartamento, en absoluta soledad y discreta espera de la

estelar aparición del secreto planeta de cuya órbita oculta dependía. (…) Sin duda, en otro punto de la órbita imaginaria, había un matrimonio equivocado, una esposa rival y, casi con seguridad, niños. El hecho de que ella viviese en aquel modesto lugar en un estado de reclusión en libertad y claro ocultamiento, sin visitas normales, de amigas, por ejemplo, delataba su deprimente papel de segundona. Sin duda se consolaba con la idea de que la suya era la casa del amor y la otra, la quizás obsesivamente imaginada, la obligación que un día, de pronto, se iba a interrumpir.
Ida Vitale

* creativos
 (…) el ingenio mexicano no tiene límite frente al maíz, frente a la masa, frente a nuestra carne y sustento. Ahí están los peneques, gordos de papa y queso, náufragos en salsa de jitomate; ahí las chalupas, chorreantes de salsa verde; ahí las garnachas, pellizcadas o no, con los rubíes quemados del chorizo desmoronado sobre un lecho de frijol molido, con unas frescas briznas de lechuga…
Salvador Novo

* crédulos
Creed en mí -dijo el abismo. Y se tragó a México.
José Emilio Pacheco

* criadillas
Aunque *criadilla* se refiere al ganado, frente a una plaza taurina guisaban unas grandes y espléndidas, de toros recién matados. Un cliente protesta muy airado, porque le han servido criadillas muy pequeñas. El mesero le explica: "es que hoy ganó el toro".
Fernando Díez de Urdanivia

* criterio

Los políticos se reparten cargos públicos por cuotas y por cuates.

Coco Manto

* crítica

(...) Todo lo cual demuestra que la producción y consumo de elogios es una industria más importante que la producción y consumo de libros literarios, y que en nuestra vida literaria interesan menos los libros que lo que se dice de ellos o de sus autores. Hay unas 500 personas que escriben libros o anuncian que van a hacerlo, unas 50 que los leen para elogiarlos y unas 5000 que leen los elogios y comentan la movidísima vida literaria, hecha de elogios a, noticias de, críticas sobre, críticas a la crítica, críticas a los críticos de la crítica, etc.

Gabriel Zaid

* crítico

Nuestros hombres de pluma aderezan párrafos y estrofas como guisotes. Así es como el ejercicio de las letras se ha vuelto industria de chalanes y filón de trapaceros.

Ramón López Velarde, 1916

* cronología

¡Hay sexenios que duran una eternidad!

Rius

* cuentas

Quien quiere ser más de lo que es, por más que haga siempre quedará en menos de lo que era.

José Menéndez, "El hombre del corbatón"

* cuesta

Todo es deprimente en el enero mexicano. Como diría Ibsen: parecemos las flores del baile el día siguiente. Marchitos, friolentos, hipercrudos fané y descangayados, los ciudadanos tenochcas intentamos recuperar el movimiento en días que transcurren mortecinos y aburridos como cucharadas de cajeta.

Germán Dehesa

* cuestión

¿Quién se acordaría del banquete que la diputación guanajuatense le dio a Obregón en la Bombilla si Toral no hubiera podido entrar en el local?

Jorge Ibargüengoitia

* cura

Cuenta el licenciado Julio Téllez García que en su pueblo natal, Coeneo, Michoacán, antes de que los hombres emigren a los Estados Unidos en busca del sueño americano, graban las campanadas de la iglesia para, una vez que consiguen cruzar la frontera y establecerse, oírlas en las tardes de soledad y nostalgia.

Marcial Fernández

* curioso

Vivo enfrente de la más famosa de las fábricas de refrescos, y jamás he visto entrar allí una sola manzana.

Güero Benítez; citado por Rafael Solana

* debate

(…) la "proverbial vocación pacifista de México". Sin embargo, quizá este concepto es el resultado de confundir la ausencia de actos de agresión con la de impulsos agresivos. Porque una cosa es no ser belicoso, y otra distinta es no haber tenido oportunidad de mostrarse belicoso. Y al mexicano, con el récord mundial en índice de homicidios, no es fácil creerle que sea pacifista "por vocación". Históricamente, es cierto que México no se ha distinguido como invasor, pero también es cierto que no ha tenido oportunidades de serlo. Primero, por su corta vida como nación independiente (…). Segundo, porque ha pasado buena parte de esos años defendiéndose a su vez de invasiones extranjeras, o precaviéndose de ellas. Tercero, porque los mexicanos hemos estado muy ocupados guerreando unos contra otros durante la Reforma, La Guerra de Tres Años, la Revolución, el Movimiento Cristero y otros alborotos menores. Y cuarto, porque tenemos encima la vigilancia cuidadosa de un muy suspicaz ángel de la guarda: el Tío Sam.

Gumaro Morones

* decembrino

Después de los turrones conviene hacer la siguiente reflexión: No hay fiesta más triste que la Navidad. Tanta lucha hace uno por estar alegre que siempre queda uno insatisfecho con la felicidad resultante. Además, se acuerda uno de los seres queridos y quiere uno que estén todos los que se fueron y que se vayan todos los que están.

Esta clase de observaciones contribuyen al bienestar de los comensales.

Jorge Ibargüengoitia

* decir

Y le dije, y entonces que dices. Y ni me dijo nada, nomás me dijo que ya me lo había dicho... ¿Y entonces qué? Como no queriendo, y entonces, pues yo digo, ¿no?
Mario Moreno, *Cantinflas*

* decires

Expresiones negativas: "no, pos no"; dubitativas: "no, pos sí"; reiterativas: "no puede ser posible"; "estás viendo visiones"; contradictorias: "es demasiado poco"; "nunca vamos, pero cuando llegamos a ir"; disparatario: "me fue bien mal".
Carlos Martínez Vázquez

* decisión

Mejor quedarse a vestir santos que vivir pa'desvestir borrachos.
dicho popular

* dedazo

(...) ¿cómo lograr que la transferencia del poder sea al menos ordenada y pacífica, por antidemocrático que el sistema largamente buscado pueda parecer? (...)
Se estableció un sistema draconiano de presidencia sexenal, sin posibilidad de reelección; el presidente sería plenipotenciario y alcanzaría la cumbre de su poder al designar él mismo a su sucesor -como un emperador romano que hiciera de su heredero un hijo adoptivo, en vez de convertir en heredero a su hijo natural-, quien sería ratificado por una elección pro-forma y *post facto*. Todos sus rivales y adversarios aceptarían sin chistar la designación del elegido y su supuesta "victoria electoral"; el líder saliente, por su lado, se abstendría de cualquier involucramiento posterior en la política. El nuevo mecanismo funcionó por primera vez en 1940 (...)

El mecanismo casi mágico funcionó a la perfección hasta 1994. Cada seis años, como cronómetro, México se dotaba de un nuevo presidente, de forma pacífica, aunque ni remotamente democrática (...) Las controversias y confrontaciones, la competencia abierta y el conflicto se pusieron de lado; todo sucedía en secreto: ningún candidato declaraba jamás su intención de ser presidente hasta que el presidente saliente tomara su decisión y en las palabras memorables de Fidel Velázquez: "El que se mueve no sale en la foto."
Jorge G. Castañeda

* defensa
Cuando aún no venían los españoles a México, los azteca, los zapoteca, los purépecha, los indios todos de esta tierra se servían del cacao como alimento y como moneda, lo que según Pedro Mártir de Anglería a sus poseedores preserva de la peste de la avaricia, porque no pueden guardarla ni enterrarla mucho tiempo.
Andrés Henestrosa

* definición
En sus imprescindibles conversaciones con Rodolfo Obregón, Ludwik Margules recordó la primera definición que escuchó acerca del país en el que pasaría la mayor parte de su vida. El cónsul mexicano en Marruecos le dijo que nuestra peculiar sociedad era un sistema autoritario "suavizado por la corrupción".
Juan Villoro

* degradación
La prensa ha ido perdiendo una función crítica, ha ido aliándose al gran proveedor que es el Estado.
Luis Spota

* delegar

Hay quienes se hayan encargado de pensar por los demás para evitarles esta molestia, que suele convertirse en herejía y en una porción de atrocidades; porque al principio se pensó que el mundo era para unos pocos en cuyas manos estaba constantemente el cucharón.

José T. de Cuellar, 1871

* delicadeza

Como bien me aconsejó un viejo y sabio político mexicano, amigo mío: "Si quieres destruir a un enemigo, tienes que clavarle la espada y atravesarle el cuerpo sin que siquiera se dé cuenta de lo que le ha ocurrido."

Jorge G. Castañeda

* delicia

(…) fuimos a la Hostería de Santo Domingo a comer enchiladas verdes que eran un poema épico en tres volúmenes.

Germán Dehesa

* delimitación

Donde termina el guiso y empieza a comerse la carne asada comienza la barbarie.

José Vasconcelos

* demagogia

Amistad que no se refleja en la nómina es pura demagogia.

atribuido tanto a Pancho Liguori como a otros autores

* demanda

"¿Por qué no me hablas *en cristiano*?", se le preguntó al indígena hasta hace medio siglo, al subrayar la condición pagana, idolátrica, prehistórica en una palabra, de los idiomas indígenas y sus residuos a la hora de hablar el español. Hablar *en cristiano*, discurrir únicamente en castellano.

Carlos Monsiváis

* denuncia

(…) siguiendo la tradición de lo muerto, al indígena vivo lo preferimos manifestado en el objeto o lejos de nosotros. Por ejemplo, si vamos de turistas a la ciudad de Chihuahua, pasamos de largo por donde están las tarahumaras pidiendo limosna y preferimos entrar a una boutique de artesanías a comprar un muñequito tarahumara y poco importa quién la hizo. Posiblemente fue la señora que no quisimos mirar.

Ana Paula Pintado

* derecho

(...) tenemos derecho a ser distintos porque somos iguales.

Primitivo Cuxim Caamal, indígena maya hablando al Papa Juan Pablo II, 1993

* derivaciones

Inspirado en José Iturriaga diré: para los mexicanos, trabajo que no termine en pachanga y pachanga que no termine en la cama, son dos actos fallidos.

Germán Dehesa

* desacreditado

No compadre, el trago no es malo. Lo que pasa es que está desacreditado.

dicho popular

* desafío

Hemos de huir de la violencia que ha amparado siempre bajas pasiones porque no tenemos "piedad de nuestra propia sangre", y porque nada pesa más gravemente sobre nosotros que la cruel tradición de Huitzilopochtli.
Manuel Gómez Morín; citado por Jorge Mejía Prieto

* desafortunados

Seguramente, ninguna burguesía ha tenido tan mala suerte como la mexicana, por haber tenido como relator justiciero de sus modos, acciones y andanzas, al grabador genial e incomparable Guadalupe Posada.
Diego Rivera; citado por José Antonio Murillo Reveles

* desahogo

A la chingada las lágrimas y me puse a llorar.
Jaime Sabines

* desamparo

El pintor se dedica a vender aceite de cocina. El escritor termina en burócrata. El sabio emigra. El poeta, sobre todo el poeta, se muere de hambre. La poesía nunca fue *modus vivendi*, sino el mejor *modus moriendi*.
Joaquín Antonio Peñalosa

* desarrollo

A semejanza del hombre, los países maduran por el dolor, y en este aspecto considero a México uno de los más maduros.
Rodolfo Usigli

* desautorizado

¡Y tú qué hablas de disciplina si nunca has deshebrado un quesillo sin comerte ni una hebra!
autor desconocido

* descalificación

El peor insulto que puede recibir un hombre es cuando alguien pone en duda su virilidad, cuando le dicen que parece "vieja", cuando le echan en cara que no es macho. (…)

Esos niños que en el recreo de las once corren despavoridos apenas resuena el grito "vieja el que llegue al último".

Por contaminación, las niñas aprenden lo que pueden de sus pequeños rivales, no sólo a decir feas maldiciones, sino también a gritar "vieja la que llegue al último".

Joaquín Antonio Peñalosa

* descaro

La sociedad disculpa el delito del enriquecimiento ilícito, no la desgracia del empobrecimiento honrado.

Nikito Nipongo

* desconfianza

En las sociedades funcionales la confianza es un valor que puede perderse; en México, es algo que debe ganarse. En vez de suponer que el otro actuará bien, imaginamos que desea perjudicarnos. Si no lo hace, merece nuestra confianza.

Juan Villoro

* descripción

La burocracia es el arte de convertir lo fácil en difícil, por medio de lo inútil.

Carlos Castillo Peraza

* descubrimiento

Si no llegó… es porque no vino.

el filósofo de Güémez

* desencuentro

Las bibliotecas son lujo de grandes ciudades; y cuando existe alguna en una población digamos de cincuenta mil habitantes, los anaqueles lucen obras filosóficas de Descartes y Kant, cuando la gente busca tratados para combatir las plagas y cultivar la alfalfa.
Joaquín Antonio Peñalosa

* desengaño

Durante algunas décadas los mexicanos alimentamos la esperanza de que algunos de nosotros seríamos inmortales, pero los decesos de Fidel Velásquez y del PRI cancelaron abruptamente estas esperanzas.
Germán Dehesa

* desentonados

En México, donde las respuestas cortas indican que alguien se puso *chípil* (...) Los que llevan su dicha en calma suelen ser vistos como pobres *aguados*.
Juan Villoro

* deseo

Como dijo el carpintero: "¡Ojalá sea cola y pegue!".
Chava Flores

* desesperanza

No sé qué pensar. Si es peor que la gente viva sintiéndose abandonada, a que llegue a concebir esperanzas para después verlas defraudadas.
Jorge Ibargüengoitia

* desigualdad

Sólo en mi país, México, 25 personas tienen mayores ingresos que 25 millones de ciudadanos. Pero México,

dijo Humboldt desde que nos visitó en 1806, es el país de la desigualdad.
Carlos Fuentes

* deslumbrado
Vuelvo a casa de la fiesta que la señora de Almonte dio en su residencia de San Ángel, con la cabeza ardiendo y el alma trepidante. Entre el vaivén de la multitud que llenaba los salones se abrió ante mí un abismo verde como el mar: los ojos de una mujer. Yo caí en ese abismo, instantáneamente, como un hombre que resbala de una roca y se precipita en el océano. Atracción extraña, irresistible.
Gerardo Murillo, Dr. Atl, 1921, en relación a Nahui Olin; citado por Tomás Zurian

* despedida
(…) al compañero [José, Pepe] Revueltas no le gustaría que lo despidiéramos en silencio y con aire de duelo; despidámoslo con un minuto de aplauso porque él no vivió nunca en el silencio, él hizo bien las cosas y le hubiera gustado saber que nos habíamos dado cuenta.
Juan de la Cabada en homenaje luctuoso a José Revueltas; citado por Carlos Monsiváis

* desproporción
En cualquier acto mexicano que se respete, los "colados" siempre son más que los invitados (...)
Juan Villoro

* desprotección
Porque, fíjense ustedes, la protección a los indios no ha sido hasta hoy sino un ingrediente oratorio.
Ángel de Campo, 1896

* deterioro

La Revolución degeneró en gobierno.

Renato Leduc

* deudas

Impuntual en todo, el mexicano no lo es menos para pagar las deudas. Las letras andan retrasadas como los ferrocarriles. Le debe al banco, a la escuela, al supermercado, al municipio, al vecino y al compadre. Pero hay una ventaja. Como anda uno, así andan los demás. Todos le deben a todos. No más que me paguen a mí, le pago a usted. No hay gente más paciente en el mundo que los cobradores mexicanos. "Debo no lo niego, pago no tengo". "Las deudas viejas no se pagan y las nuevas se dejan envejecer". Ya están los pobres acostumbrados a que uno los reciba con un feo "vuelva usted mañana" que ellos agradecen con la mejor de sus sonrisas.

No se contenta el mexicano con deberle a los hombres, sino que además anda en deudas con los santos del cielo. (…) Ante cualquier apuro, promete mandas de toda especie; y como el prometer no empobrece, se le van acumulando peregrinaciones a pie a San Juan de los Lagos, bailes al Señor de Chalma, limosnas a la Virgen de Guadalupe, milagros de oro a San Antonio, listones a San Benito, con lo que apenas alcanza la vida para salir de deudas con el otro mundo como si fueran pocas las que tiene contraídas en éste. Religioso como es, el mexicano paga las mandas, pero las paga como la televisión, en abonos fáciles y en un toma y daca de familiaridad con la Virgen y los santos, igual que cuando regatea en el mercado: "Si me sacas con bien de la operación, te mando decir una misa", "apenas me cures a mi hija, te voy a visitar a la Basílica", que por antonomasia es la del Tepeyac.

Joaquín Antonio Peñalosa

* deudor
(…) esa cosa inmensa y generosa que sabe ser México cuando no es terrible. Ni en tres vidas más podría pagarle cuanto le debo.
Fernando Savater

* diagnóstico
No se puede pactar con la mentira sin llegar a formar parte de ella. Por desgracia, como nunca antes, Vasconcelos tiene razón. Nuestra estancia natural es la monotonía: mientras los hombres de la política tejen y destejen su magra retórica infestada de promesas y supuestos pretéritos heroicos, los hombres de la industria y el comercio engordan la bolsa, los hombres del pensamiento trepan a su pedestal de huacales y los hombres del pueblo esperan y sufren. Y si alguien quiere alzarse, sea campesino, sea intelectual, sea predicador, sea jefe de Estado, es visto iluso y señalado tramposo y subversivo y es perseguido sin tregua.
Ricardo Garibay

* dialéctico
En este país no hay nada más temporal que lo permanente, ni nada tan permanente como lo temporal.
autor desconocido

* diferencia
Hace años había que ser muy valiente para atacar al presidente, hoy hay que ser muy valiente para defenderlo.
Carlos Monsiváis

* diferentes
Alejandro Rossi dijo con lúcida resignación que el

desayuno es la manera mexicana de tomar el té, lo cual significa que celebramos las cinco de la tarde a las ocho de la mañana.
Juan Villoro

* diferir
Ha sido práctica frecuente en los congresos mexicanos, dejar en materia de hacienda subsistentes las dificultades, contentándose con salir del apuro instantáneo por cualquier medio que se ofrezca, sin tomar medidas definitivas.
Lucas Alamán

* dificultoso
¿Quién fue el primero que llamó "hidrocálidos" a los naturales de Aguascalientes? ¡Merecía la horca! Cierto que es difícil hallarles nombre.
Alfonso Reyes

* difusión
A medida que las reproducciones y las noticias de esta Capilla Sixtina del arte maya [los frescos de Bonampak] van siendo conocidos por el mundo entero, despiertan un interés y una admiración sin más comparación que la que produjo los descubrimientos efectuados en la tumba de Tutankamón.
Max Aub

* dilema
Nos salvamos juntos o nos hundimos separados.
Juan Rulfo

* diminutivo
El diminutivo es una alusión tierna a las cosas. No es lo

mismo decir (…) "frijoles" que "frijolitos". La terminación "ito" (…) resta tristeza, resta pobreza a las cosas.
Andrés Henestrosa

* directriz
"Tírenme del saco si cometo dislates", le ordena [José]
Vasconcelos a sus subordinados, pues "los lambiscones
le descubren virtudes al diablo".
Guillermo Sheridan

* dirigismo
La "orientación de la conciencia pública mediante la
escuela oficial", me parece peligrosa porque constituye
una injerencia en materia educativa, tan vituperable
como lo era la injerencia del clero en la educación.
Luis Cabrera

* discrepancia
"Alerta roja. En riesgo, el proceso de paz: EZLN"
titular de primera plana, *La Jornada*, 26/10/1995
"Paz y calma en Chiapas"
titular de primera plana, *La Prensa*, 26/10/1995

* discriminación
Los nacos, aféresis de totonacos, son la sangre y la raíz
indígena sin posibilidades de ocultamiento. (…) El naco
no es mítico sino típico, no le corresponde lo ritual sino
lo habitual. (…) El caballero refinado y decente del siglo
XIX inventa al lépero, y el burgués cosmopolita del XX
al naco.
Carlos Monsiváis

* discurso
El escritor Ricardo Garibay (…) supo rescatar la

sustancia de las inveteradas peroratas que pronuncian quienes viven del presupuesto, y hacerla florecer en diálogos y frases que quizás nunca se escucharon en foro alguno, pero son muestra de ingenio creador y testimonio de una triste realidad. Vaya este ejemplo, que manipula con elegancia el paisaje de la nación para fines partidistas y personales:

"...en un sufragio impoluto y sin más limitaciones que las que sabiamente delimitaron nuestros Constituyentes del 17, y en esta materia, como en todas las demás de la administración, ya el Señor Presidente ha dejado sentado que el antiguo privilegio de un paisaje comprometido como usufructo y solaz exclusivo de unos cuantos es pretensión obsoleta de los emisarios del pasado; un paisaje, un mar, una selva, un cielo azul y esplendoroso, unas nubes diamantinas como las que contemplamos en este momento, en una palabra, una naturaleza cuya majestuosidad, sí cómo no, cuya majestuosidad no esté encardinada en la piramidación de los flujos populares, y estamos dispuestos a sostener esta tesis y acción gubernativas ante aquellos que emboscados en la antipatria nos amenazan...".

Fernando Díez de Urdanivia

* dispar

Pobre México, tan lejos de Dios... y tan cerca de los Estados Unidos.

Nemesio García Naranjo; citado por Aníbal Gallegos

* disparate

Diré un leve despropósito: en México es donde se sufre más rico y, que yo conozca, nuestro país es el mejor lugar para morir. Aquí todo termina en pachanga. No digo que eso esté bien o esté mal. Así es (...) No hay país que esté exento de pena. La ventaja que ofrece México consiste en sus probadas, misteriosas y abundantes reservas de alegría.

Estas reservas de vitalidad actúan como eficaces anticuerpos y, en cuanto aparece la pena, la rodean, la aíslan y la reducen hasta hacerla desaparecer.
Germán Dehesa

* distancia
Del dicho al lecho hay mucho trecho.
Efraín Huerta; citado por Armando Jiménez

* distinción
Aun los muertos no escapan a la clasificación: Se cuenta que estaban dos "peladitos" viendo pasar el "entierro" de un pobre. Uno dice: "Oiga, descúbrase, que ahí va un cadáver", a lo que el otro contesta: "¿Cadáver ése? Ese es un... pobre muerto. ¡Cadáver, el de Benito Juárez!"
Francisco Padrón

* distintos
Somos peculiares, eso que ni qué. No voy en este momento a hacer alarde de que soy un hombre muy viajado y que conoce las particularidades y el modo de ser de todas las naciones del orbe. ¿Con qué ojos?, diría mi abuela. Algo, sin embargo, he visto del mundo y mucho he visto de México. De acuerdo con esas experiencias, puedo con firme timidez opinar que aquí suceden cosas muy extrañas. Por mencionar algunas diré que sólo aquí tenemos un partido revolucionario institucional (…); somos una república federal rabiosamente centralista; somos una democracia en la que los asuntos fundamentales los siguen resolviendo unos cuantos. Sólo aquí un secretario de Turismo se convierte, de la noche a la mañana, en secretario de Agricultura y ese movimiento les parece a todos perfectamente lógico, atinado y digno del mayor encomio. El ex secretario de Agricultura es, a su vez, nombrado asesor

presidencial y todos tan contentos; unos días después lo nombran embajador en Chile y todos siguen contentos. Sólo aquí se da el caso de un brillante intelectual, de un respetable experto en cuestiones de derecho, presidenciable en su momento (¡y qué momento!), mágicamente convertido en director del comité organizador de los juegos centroamericanos, puesto en el que sus conocimientos de justicia tendrán que aplicarse a la tarea de procurar que el equipo de voleibol salvadoreño tenga toallas suficientes. No lo nieguen: aquí pasan cosas muy raras.
Germán Dehesa

* distribución
La Revolución puso a cada quien en su lugar: al rico en Jardines del Pedregal y al pobre en la Marranera.
Nikito Nipongo

* diversidad
Nuestra fuerza está en nuestra diferencia.
Guillermo Bonfil

* dogmas
(...) el conocimiento del pasado fue marcado por los dogmas de fe que estableció la historia oficial; el sistema político, a través de la educación, no estaba dispuesto a enseñarnos, sino que nos adoctrinaba en la religión de la patria.
Alejandro Rosas

* dosis
Es necesaria una cierta dosis de ternura
para comenzar a andar con tanto en contra,
para despertar con tanta noche encima. (...)
comunicado zapatista

* duda

Si Jesús era judío, ¿cómo es que tiene un nombre mexicano?

autor desconocido

* edición
Algunas películas mexicanas son mejores contadas que vistas.
autor desconocido

* educados
Por ser de estricta justicia, hay que reconocer que los policías de Tránsito que nos levantan infracciones, son los caballeros más correctos del mundo. Siempre se despiden de mano.
Carlos León; citado por Rodolfo Coronado

* efectos
Todos sabemos qué es la migra. Todos le tememos porque nos puede deportar. Eso nos produce unos dolores de cabeza tan fuertes que son verdaderas migrañas.
Claudia Parodi

* efímeros
Hay momentos en la vida que son verdaderamente momentáneos.
Mario Moreno, *Cantinflas*

* electoral
Me gusta cuando votas porque estás como ausente.
graffiti

* elogios
Si se quiere que hablen bien de uno, basta con morirse. Las flores son para los difuntos. Se olvidan los rencores, los resabios, las maledicencias a poco que se petatee uno. Todo se perdona. No hay prueba del amor humano como los entierros, allí todo se vuelve elogios.
Max Aub

* elucubración

(...) al final de la conferencia [que diera en la ciudad de Buenos Aires], subió a darme el enhorabuena el gran cantante mejicano José Mojica, que a los pocos días entraba en un convento (no acabo de creer que por causa de aquella conferencia).
Ramón Gómez de la Serna

* eludir

(...) mis pocos intentos de saber quién soy a través del psicoanálisis han sido vanos. Siempre me envolvía y envolvía a los psiquiatras en nubes de palabras, hasta el punto de que ni el psiquiatra ni yo sabíamos quién era el uno y quién era el otro. (...) Sí, es verdad, irremediablemente me voy por las ramas, y por las ramas de las ramas, porque tengo terror de bajar a la raíz.
Juan José Arreola

* embrollo

¿Actuamos como caballeros o como lo que somos?
Mario Moreno, *Cantinflas*

* emocionante

(...) el mole poblano, un guiso de carne en cuya composición entran nada menos que todas estas cosas: carne de pavo, tres clases de chile (mulato, ancho y pasilla), almendra, ajonjolí, canela, pimienta, clavo, chocolate, avellanas, pepitas de chile, pan dorado, tomate, cebolla y ajos. El plato fuerte de la nación. El plato que, de tan sabroso, hace llorar, o sea que hace llorar de gusto.
José Moreno Villa

* empalabrados

La vida del mexicano empieza cuando alguien dice jubilosamente "ya habla el niño", termina cuando alguien solloza con suspiros "ya no habla". Es una historia de palabras.

Joaquín Antonio Peñalosa

* empalabrar

Un rollo es una grande masa de palabras inconexas (aunque aparentemente conexas) que emite un sujeto que, en el fondo, no tiene ni LMMI (la más mendiga idea) de lo que está hablando.

Germán Dehesa

* empequeñecer

[Doña Engracia] setenta años cumplidos, delgada, pequeñita "eso, con los años: yo me acuerdo que cuando era muchacha era más bien grandota. Con la edad me achiqué. Una es como los cirios pascuales: recién comprados se ven muy rete enormes, pero luego, se van consumiendo, gastando, hasta ser meros cabitos".

Cristina Pacheco

* empresa

El próspero giro de las Agencias de Inhumaciones fue fundado en México por el señor Gayosso en 1872. (...) las agencias de inhumaciones que nos recuerdan lo que no gustamos recordar.

Salvador Novo

* encanto

La mayoría de los mexicanos piensa, siente y adora todas las cosas que son un poco mágicas, místicas.

Juan Soriano

* encargo
Contaba mi abuelo que en sus épocas lo llevaba mi bisabuelo a la escuela. Decía a su maestro "ahí se lo dejo, Usted lo mata y yo lo entierro".
Antonio P. Peñalosa

* encontrarse
Soy vecino de este mundo por un rato
Y hoy coincide que también tú estás aquí
Coincidencias tan extrañas de la vida
Tantos siglos, tantos mundos, tanto espacio
Y coincidir
Alberto Escobar

* enfrentamiento
El águila, parada sobre el nopal, miraba con atención a la serpiente. Sucedió entonces el momento fundacional que marcaría el destino de México: el águila no devoró a la serpiente como dicen los libros de texto, sino la serpiente envenenó al águila. De ahí la crueldad de los mexicas, conquistadores, novohispanos, independentistas, imperialistas, liberales, conservadores, revolucionarios, cristeros, institucionales y traidores de toda laya. De ahí las tragedias que tienen hundido a este país en la miseria.
Marcial Fernández

* enigma
El rico ingenio yucateco bautizó como "pavo huido" a un guiso donde el relleno se sirve sin el pavo que debe contenerlo.
Juan Villoro

* enseñanza

(...) mi abuelo (...) me enseñó (...) a desconfiar de cualquier dogmatismo pagano o bautizado.

Carlos Castillo Peraza, carta a Francisco Merino Rodríguez

* ensimismados

El problema con la política es que la hacen los políticos. En efecto, existe una casta de hombres dedicados de tiempo completo a eso que llaman "la política" (...) Esos políticos no son, como usted y yo, ciudadanos comunes y corrientes. Han sido picados por el gusano del poder, que en México es camino seguro hacia el enriquecimiento (...) Lo sacrifican todo -descanso, placeres y familia- para dedicarse de tiempo completo a la política. Desayunan con otros políticos; comen, meriendan, cenan y dormirían, si pudieran, con quienes creen que pueden serles de alguna utilidad. Pierden así todo contacto con los hechos, y viven en un mundo ajeno al de los otros, es decir, al de nosotros. Su lenguaje se vuelve distinto al nuestro; su conducta no se apega a las leyes que a nosotros nos rigen; ellos mismos se sienten diferentes. (...) Así, viviendo en ese mundo de simulación y ambigüedades, pierden sentido de la realidad.

Armando Fuentes Aguirre, *Catón*, 1997

* ensoñaciones

¿A qué le tiras cuando sueñas, mexicano?
¿A hacerte rico en loterías con un millón?
Mejor trabaja, ya levántate temprano
Con sueños de opio solo pierdes el camión
¿A qué le tiras cuando sueñas, mexicano?
Con sueños verdes no conviene ni soñar

Sueñas un hada y ya no debes nada
Tu casa esta pagada, ya no hay que trabajar
Ya está ganada la Copa en la Olimpiada
¡Soñar no cuesta nada que ganas de soñar!
¡Ah! Pero eso sí mañana si que lo hago
Pero eso sí mañana voy a ir
Pero eso sí mañana sí te pago
¿A qué le tiras cuando sueñas sin cumplir? (...)
¿A qué le tiras cuando sueñas, mexicano?
Que faltan niños pa' poblar este lugar
Sigue soñando que no hay contribuciones
Que ya no hay mordelones, que ya puedes ahorrar
Sigue soñando que el PRI ya no anda en zancos
Que prestan en los bancos, que dejas de fumar (...)
Chava Flores

* entendible
"Desconchinflar" es descomponer, desconchar y
desinflar a un mismo tiempo. Mayor elocuencia no se
puede pedir.
Alfredo Ramos Espinosa

* entonación
Fácilmente puede uno distinguir la diversidad de
modulaciones locales, la bronca entonación del norteño,
la serena y equilibrada del habitante del centro del país,
la tropical y apresurada del costeño, las feas tonadillas
canturreantes de los hijos de Sánchez del Distrito
Federal, los sones dulces de la gente del sur. Toda una
sinfonía para cuerdas, maderas y metales.
Joaquín Antonio Peñalosa

* entrelíneas
Violenta o discreta, traducida a golpizas o eufemismos,

la censura se va extendiendo e implantando como hecho natural. Para darle continuidad orgánica surge, juguete pródigo, el Boletín de Prensa. Que ya no se pretenda informar ni se interrogue hasta la exasperación a los funcionarios. Es mejor aceptar a "la fuente" (al surtidor de información oficial) como algo entrañable, que sustituye ventajosamente a la noticia con el escamoteo burocrático de los boletines. Para los reporteros, "la fuente" es el sueldo verdadero (mucho más generoso y comprensivo)... y es la razón de ser de su labor. (…) La información es aquello que empieza al terminar la lectura del periódico.
Carlos Monsiváis

* entumecimiento
Revolución que se enfría se vuelve monumento.
Nikito Nipongo

* envoltorios
Habría que escribir un voluminoso ensayo acerca del barroquismo mexicano que se hace presente en todo lo que envolvemos. Algo muy sutil en nuestro genoma nos hace percibir que cualquier cosa que no esté envuelta regiamente está como encuerada, impúdica y a merced de la lascivia popular.
Entonces, cuando vamos a regalar lo que sea, le ponemos ropa interior, ropa exterior y numerosos adornos; de ser posible, la bolsa en la que va el regalo deberá retacarse también de artísticos y coloridos cucuruchos de papel de china.
Germán Dehesa

* equiparable
Si el Día de la Madre los profesores se libran de los

alumnos y los mandan a moler a sus mamás, ¿por qué el Día del Maestro las mamás no pueden librarse de los alumnos mandándolos a moler a sus profesores?
Nikito Nipongo

* equivalencias
A costillas de alguien, significa a sus expensas: es decir, él es el pagano, el Pablo, el que apoquina los fierros, el que azota con la lana, el que aporta la mosca, el que se produce con verdad, el que se purifica, el que suelta los tecolines, el que escupe, el que afloja, el que carga a tacho con la cuenta.
Francisco Padrón

* erosionar
Glorifican a quienes hicieron la Revolución quienes la deshicieron.
Nikito Nipongo

* esclarecer
A la clase dominante [porfirista] parece describirla *políticamente* el fervorín moralizante anterior al coito: "Esto que hacemos Santo Señor, no es por vicio ni es por fornicio, sino por hacer un hijo en tu santo servicio."
Carlos Monsiváis

* escucha
¿No tiene quién le escuche? Caballero confiable platica con usted. Lugar público, Costo 7,000 pesos, 50 minutos. Citas lunes-viernes, 15.15, 15.45. Al 516-28-99. Aviso oportuno. *El Universal,* 2/6/1987; citado por Eulalio Ferrer

* especie
Asumo mi calidad de *Mexicanus vulgaris* y me planto en ella.
Antonio Alatorre

* especulaciones
Obvio que su nombre procede de raíces nahoas, pero los conocedores afirman que cuando el Zenzontle canta lo hace en maya.
Roberto López Moreno

* espera
En las jacarandas, marzo triunfa en flor anualmente.
Mauricio Sanders

* esperanza
México se jodió cuando convertimos· la impunidad en una costumbre. En nuestro país, "el que la hace" tiene muy altas probabilidades de nunca pagarla. De poco sirve, entonces, que se endurezcan las penas para ciertos delitos cuando alrededor del 97% de las denuncias no concluyen en sentencias condenatorias.
Frente a todo esto, sin embargo, hoy mismo hay millones de mexicanos que dan lo mejor de sí para superar las dificultades; multitud de héroes anónimos que trabajan con entusiasmo para ayudar a otros, para mejorar el ambiente, frenar la violencia contra las mujeres, rescatar a los jóvenes de las drogas, generar alternativas de empleo digno; iniciativas personales y colectivas ocupadas en regenerar la vida comunitaria y abrir opciones a niños, adolescentes, mujeres, adultos mayores... Incluso funcionarios de todo nivel que asumen con honestidad y rigor profesional la responsabilidad pública como un servicio.

Muestras ineludibles de que, a pesar de los pesares, otro mundo es posible y que el país no está marcado por la fatalidad.
Alfonso Zárate

* estable
En la ciudad de México no se distinguen del todo las estaciones. Hay días por los que pasa todo el año. Es más bien la vida cívica la que da color a los meses: nuestra primavera parece producto del nacimiento de Juárez, y son el verano los incendios patrióticos de septiembre.
José Joaquín Blanco

* estadística
En México el 72% de los hombres sufren obesidad, el 28% restante también padecen obesidad, pero no sufren, a ellos les vale madre.
autor desconocido

* estilo
La [voz] de Cri Cri casi solamente hablaba lo que cantaba, pero con un tono íntimo y amigo, el hondo tono Gabilondo, que se pierde cada vez que se ha querido encopetar sus canciones encomendándoselas a *chansonniers* de gran show y hasta a cantantes operísticos. Ni las candilejas ni el escenario monumental le van bien al amigable grillo del hogar. A Cri Cri consúmasele en su salsa, es decir: óigasele en su voz.
José de la Colina

* estratagema
Procedimiento muy sutil para vencer a sus enemigos; negar que existan. Esta negación se llama ningunear. La

ciudad (y la nación) está poblada por fantasmas, por tristes ninguneados, definitivamente convertidos en silencios, inexistentes. Ningunos.
Octavio Paz

* estrategia
Tengo ya 77 años, pero me siento fuerte, hay días en que me siento un poco decaído, y entonces visito a algún contemporáneo y lo veo tan carcacha que salgo nuevecito.
Eraclio Zepeda; citado por Ericka Montaño Garfias

* estridencias
"El único defecto que tienen los niños mexicanos", afirma una conocida antropóloga, "es que son idénticos a sus padres".
En efecto, lo primero que aprende a hacer un niño mexicano al llegar a este mundo, es llorar para que se atienda a sus necesidades. Lo siguiente que aprende es a tocar el claxon del coche de su papá, con el mismo objeto. Y toca el claxon y toca más, y al cabo de cincuenta años sigue tocándolo con esperanzas de lograr con ello fines (...) diversos (...)
El defecto de los claxons radica precisamente en la característica que estimula su uso, y es la siguiente: el lenguaje del claxon es rudimentario e impersonal, pero estridente y no es posible ignorarlo, igual que el llanto de un niño.
Así como es mucho más fácil dar un berrido que exponer un razonamiento, es mucho más fácil tocar el claxon que averiguar las razones que impulsan a uno a tocarlo y hacer una evaluación de las probabilidades de que el acto consiga el efecto deseado.
Jorge Ibargüengoitia

* etiología

Recientemente los medios han manejado algunas cifras sobre el libro en México. Una de las más extraordinarias es que en nuestro país 75 millones de personas no leen un solo libro al año [en ese momento la población de México era aproximadamente de 90 millones] (…)

Pero un minuto de reflexión sugiere, en primer lugar, que esta crisis del libro en México no es la enfermedad que nos afecta sino sólo uno de sus síntomas. Otras expresiones de esa enfermedad podrían apreciarse señalando (si las cifras se conocieran) los millones de mexicanos que no asisten a un concierto musical al año, o a una representación teatral, o a una conferencia sobre un tema no político, o a cualquier otra actividad cultural equivalente. (…)

Pero como dije antes, esto es simplemente un síntoma de un mal mayor, que es la ausencia de una cultura general debida a la tremenda desigualdad e injusticia con que nuestra historia ha tratado a una gran parte de la sociedad, y mientras esto no se corrija, las campañas en favor del libro seguirán cayendo en terreno no fértil.

Ruy Pérez Tamayo, 1996

* eufemismo

(…) los pobres se volatilizan, esfumándose, por obra del eufemismo "clases menos favorecidas", que en buen castellano habría que decir los que no tienen ni en qué caerse occisos. No diga usted muerto o cadáver, póngase elegante diciendo occiso.

Joaquín Antonio Peñalosa

* evocación

(…) Y recuerdo los Jueves Santos en que Matilde, que

era alta como una buena intención, glacial como los éteres, blanca como un celaje de plenilunio y fértil como un naranjo, lucía, por la breve ciudad, su mantilla y su cintura afable. (…) porque las señoritas de rango que poblaban sus calles vestían de tiniebla ritual, aquellos Jueves Santos (…)
Ramón López Velarde

* evolución
Salvador Elizondo decía que en algún momento se pasa de ser joven promesa a viejo pendejo.
autor desconocido

* exactitud
Sabido es que en México la puntualidad tiene sus bemoles. Sin embargo, la inauguración de congresos y eventos es de una puntualidad digna de suizos. "Siendo las 8 horas con 23 minutos del día……. declaro inaugurado el Congreso….."

* excelencia
La torta de Armando es una creación barroca en la que intervienen aproximadamente veinticinco elementos en un orden riguroso. Si se altera el orden —por ejemplo, si se pone primero el chipotle y después el queso— o si la calidad de algunos de los elementos falla —que el aguacate sea pagua [variedad de aguacate de fruto grande y sabor dulce]— lo que se come uno, en vez de ser torta compuesta, es un desastre.
Jorge Ibargüengoitia

* excepción
Es seguro que usted ganará el pan con el sudor de su rostro (no me refiero a los ciudadanos diputados, para los

cuales no tuvo trascendencia la mordida de la manzana)...
Rafael López, 1916

* excesivo
Lo cierto es que, a la señora que trabaja para nosotras
(...) le exigimos que limpie nuestra casa como si fuera
suya, que ame a nuestros hijos con nuestra propia
devoción, que respete y admire a nuestro esposo como
nosotras nunca lo hacemos. Y ella no tiene otro
remedio que multiplicar devociones, afanes, con sus
miles de pasadas de trapo amoroso o abúlico, si no es
que desesperado y cuántas veces hambriento.
Ana García Bergua

* excluidos
Pagué caro no oficiar en los altares de la cultura
revolucionaria. Me negaron la entrada a El Colegio
Nacional, al igual que a Juan Rulfo. Los intelectuales
pensionados por el Estado y los científicos no
soportaron mis actitudes críticas.
Juan José Arreola

* exclusividad
El tequila es el único licor que se disfruta más de
regreso que de ida. No se paladea antes de ingerirlo, no
se pasea por los vericuetos de la cavidad bucal, no se
calienta debajo de la lengua sino, como puede apreciarse
en cualquier película mexicana de la época de oro del
cine nacional, se toma de un trago, hasta el fondo,
cabrón, que queme, y es después cuando el placer
comienza, cuando su espíritu recorre el camino de
regreso y provoca una suave interjección, que se
cauteriza con un limón (...)
Gonzalo Celorio

* excusa

Sabio doctor Lanceaux presentó informe Academia de Ciencias París, sosteniendo que embriaguez es hereditaria. *Sí, échenle la culpa a sus padres.*
"El Telegrama", Guadalajara, 1887

* exhorto

No la chifle que es cantada.
Resortes

* exigencia

El que tiene una tienda que la atienda o, si no, que la venda.
dicho popular

* exilio

Sé que si un día me voy a vivir a Cuba lo único que va a cambiar es la dirección de la nostalgia. Me voy a pasar la vida oyendo a José Alfredo Jiménez y extrañando las quesadillas de flor de calabaza. (…) El exilio es una patria.
Eliseo Alberto

* exótica

La democracia pura es entre nosotros una planta exótica. Las sociedades no se amoldan nunca a sus constituciones, son éstas las que deben amoldarse a las sociedades.
Manuel Gutiérrez Nájera; citado por Blanca Estela Treviño

* experiencia

Como diría mi tía Gelitos: cuando ustedes van por la leche, yo ya vengo con el jocoque.
Germán Dehesa

* explicación

Aunque los mexicanos luchaban entre sí, yo creo que se unirán ante el invasor [se refiere a la expedición punitiva dirigida por el Gral. Joseph Pershing], especialmente si es norteamericano. ¿Por qué odian a los *gringos*? Yo lo diré.

Nos odian porque cuando llegan a nuestro país les pegamos, los hacemos morir de hambre y los asesinamos. En el suroeste cada año se matan a muchos mexicanos como a perros, porque el estadunidense de esa región los considera como animales.

Nos odian porque todos los años se organizan partidas de caza del otro lado de la frontera, para hacer prácticas de tiro usando a los mexicanos como blanco. Y nos odian finalmente porque las compañías mineras y petroleras norteamericanas han establecido la esclavitud en México, tratándolos peor de lo que haría un explotador de su propia raza. De tal modo que creo que ante nuestras tropas todo mexicano –hombre, mujer y niño- se convertiría en un guerrillero de Villa.

John Reed, 1916

* expresión

Cuando necesitada de unos envases vacíos de pintura, puro latón reluciente, entré en México a lo que me nombraron como *tlapalería*, supe que ese término novísimo y rumoroso se incorporaría para siempre en mí a aquellos negocios, estuviesen donde estuviesen.

Ida Vitale

* extranjeros

La potencia popular era nula, su soberanía ficticia, en los destinos sociales se ha ejercido una especie de monopolio, y nosotros con pocas diferencias, por impericia, por desdén o por corrupción, continuamos siendo extranjeros en nuestra patria.

Fidel, Guillermo Prieto, 1845; citado por Blanca Estela Treviño

* extrañadores

Síndrome del Jamaicón (esa nostalgia irrebatible que aqueja a quienes no pueden estar más de veinticuatro horas lejos del comal maternal) (…)

Jorge F. Hernández

extraño

Cuando no quiere hallar culpables, la policía mexicana habla de "suicidio asistido".

Juan Villoro

* facetas

El yaqui es silencioso, es un hombre silencioso para esa lengua no suya que es el español. Mírasele callado y con sus monosílabos que parecen piedras sin labrar, pero se anima con su idioma y entonces de su cuerpo sale una música apagada, de tambor o de arena. En sus asambleas, en sus fiestas, musitan las ideas, las metáforas que llevan a flor de piel, y cuando algo lo entusiasma es presa súbita, impensada, de una exaltación colectiva, exaltación no obstante todavía como en silencio.
José Revueltas

* facilidad

(…) aseguraba [la marquesa Calderón de la Barca, escocesa casada con español] que, en México, "los postres cuelgan de los árboles". Por supuesto, hablaba del mango, del mamey, de la chirimoya y de otras frutas que, en sí mismas, son ya un platillo natural.
José N. Iturriaga

* fama

En 1954 el Fondo de Cultura Económica publicó *El llano en llamas* primer libro del jalisciense Juan Rulfo, y un año después su legendaria novela *Pedro Páramo* [...] Sólo hasta fines de la década esta novela fue reconocida como un libro espléndido y, después, como la obra maestra que es. Como es sabido, Juan Rulfo ya no volvió a publicar otro libro, al punto de que se convirtió, como se decía después, en el único autor que cada vez se volvía más famoso con cada obra que *no* publicaba.
José Agustín

* familia

Es importante señalar, siempre lo hemos hecho, que el

problema básico de la estructura familiar en México es: el exceso de madre, la ausencia de padre y la abundancia de hermanos.
Santiago Ramírez

* familiaridad
Entre el zapatismo y el anarquismo no hay un vínculo casual sino profundo. "Los campesinos rebeldes", dice el antropólogo Eric Wolf, "son anarquistas naturales … La utopía de los campesinos es la aldea libre: … para el campesino el Estado es algo negativo, un mal que debe reemplazarse lo más pronto posible por su propio orden social de 'carácter doméstico'." El lenguaje anarcosindicalista ensalzó, además, a campesinos e intelectuales: de Ricardo Flores Magón provino el lema "Tierra y libertad", tomado a su vez de Alexander Herzen y aparecido por primera vez en *Regeneración* el 19 de noviembre de 1910. En alguna ocasión el propio Zapata leyó, por consejo de Andrés Molina Enríquez, obras de Kropotkin.
Enrique Krauze

* fantástico
México es (…) el país mágico en el que nada tiene desperdicio y donde la naturaleza es, ante todo, un inmenso llamado al arte. Se hacen sopas de crisantemos, tés de bugambilia (…), el pollo en salsa de chocolate es un guiso al que se atreven las monjas en un convento de la ciudad de Puebla. Todo es posible. (…) Qué país Dios mío, qué país.
Elena Poniatowska

* felices
¿Para qué resolver si podemos celebrar? La honesta

visión de la patria no puede ser encomiable, pero en los extraños sondeos que organismos multilaterales y asociaciones humanitarias hacen sobre índices de felicidad, México califica muy alto.

Sería un error atribuir nuestra capacidad de dicha a un masoquismo de alta escuela. El mexicano sabe que todo anda mal, pero ha encontrado la forma de convertir fallidos acontecimientos sociales en magníficas oportunidades para comer antojitos.

Juan Villoro

* feria

Y nosotros salimos ganando porque la feria de Zapotlán se hizo famosa por todo este rumbo. Como que no hay otra igual. Nadie se arrepiente cuando viene a pasar esos días con nosotros. Llegan de todas partes, de cerquitas y de lejos, de San Sebastián y de Zapotiltic, de Pihuamo y desde Jilotlán de los Dolores. Da gusto ver al pueblo lleno de fuereños, que traen sombreros y cobijas de otro modo, guaraches que no se ven por aquí. Nomás al verles la traza se sabe si vienen de la sierra o de la costa. Muchos tienen que quedarse a dormir en los portales, en el atrio de la Parroquia o en la plaza, junto a los puestos de la feria, porque no hay lugar para tanta gente. En todas las casas hay parientes de visita y duermen de a tres y de a cuatro en cada pieza. Los corrales se vacían de gallinas y guajolotes. Y no hay puerco gordo, ni chivo ni borrego que llegue vivo al Día de la Función...

Juan José Arreola

* festejos

Ciertos días lo mismo en los lugarejos más apartados que en las grandes ciudades, el país entero reza, grita,

come, se emborracha y mata en honor de la Virgen de Guadalupe o del general Zaragoza
Octavio Paz

* festividad
En el orden civil, la más sagrada de las instituciones es la del *10 de mayo*. Esencialmente sirve para que los comerciantes festejen a su madre recordándosela a los consumidores. Es decir, en tanto éstos reconozcan que tienen madre, harán más felices a las madres de los comerciantes.
Manuel Buendía

* fiesta
Leí la excelente historia de la Independencia de Lucas Alamán. Dice este escritor que cuando se inició el movimiento de Independencia no fue como una guerra, sino como una fiesta, porque después del Grito de Dolores, en el camino rumbo a Guanajuato, una gran columna de gente cantaba y jugaba por los caminos del Bajío y daba la impresión de que iban a la feria y no a una guerra. Esto me dio la idea de que debía hacer mi mural como la representación de una gran fiesta, que para México significaba su independencia. La investigación requirió aproximadamente tres meses.
Juan O'Gorman, en relación a su mural de la sala de la Independencia en el Castillo de Chapultepec

* filósofo
"El que anda de buenas, no anda de malas. Carro que no tiene gasolina, no llega a ninguna parte. Se está muriendo mucha gente que no se había muerto antes. Si no llueve p'al día último de este mes, ya no llovió en este mes". Así hablaba el famoso filósofo de Güemez. ¿De

Güemez? Sí, porque el filósofo vivió en este municipio del estado de Tamaulipas, fundado en 1749 por el colonizador don José de Escandón, el cual dio este nombre al municipio y a su cabecera en honor al 41 virrey de la Nueva España, don Juan Francisco de Güemez Horcasitas y Aguayo, primer conde de Revillagigedo que, entre otras cosas, promovió la conquista del Nuevo Santander. (…)

Quien quiera medrar en política, siga al pie de la letra el consejo del filósofo: "Como los frijoles de olla, arriba o abajo; pero siempre dentro". Los refranes son filosofía en sandalias, como la filosofía es refrán en riguroso frac. Por todos los caminos se llega a la verdad.

Joaquín Antonio Peñalosa

* final

(...) en México, aún de forma más acentuada que en otras culturas, no hay héroes vivos: sólo la muerte es la confirmación del mérito en la conciencia colectiva mexicana.

Eulalio Ferrer

* firmes

Tenaces, tercos, temáticos, pugnaces, necios, caprichudos; pertinaces, testarudos, insistentes estos indios. Cerca de cinco siglos llevan de reclamar la tierra que se les quitó mientras se les predicaba el cielo. Altivos y orgullosos, a prueba de antesalas. No los dobla la espera. Se "ruempen", pero no se "dueblan". (…) Cuando no se les abre la puerta, tocan en otra. Persisten, insisten, perseveran. (…)

Por más que se ha querido acabar con ellos, allí están. De pelea, al pendiente. Alertas, vigilantes. Han hecho inconfundible, propia la pelea, la lucha, la pendencia india. Por eso otro indio, Heliodoro Charis, pudo decir: la *indiapendencia*, en él, lo mismo que la independencia. Tercos, necios, temáticos estos indios mexicanos. Caminan mil leguas para defender un derecho conculcado; un metro de tierra; para adquirir un libro, solicitar una escuela. Van y vuelven. Más larga espera que la del indio nunca la hubo. Terquedad y necedad como las indias no las hay.

En uno de los idiomas que hablo, al terco, al necio, al insistente le llaman indio: "No seas indio, entiende". Ni a golpes se ha logrado callarlo. Todo se alcanzará, menos que el indio renuncie a reclamar, a exigir que se devuelva la tierra que se le arrebató, que se cumpla en ellos la ley, que se les respete el derecho.

Andrés Henestrosa

* flexibilidad

Defino al modismo como una palabra o alocución derivada de una lengua o creada para sus propios fines que contiene una determinada carga de anticonvencionalidad. Los modismos se forman cambiando el significado de las palabras de la lengua de la que forman parte o creando vocablos que no existen en esa lengua.

Ejemplo del primer caso: la palabra *grillo* originalmente refiere a un insecto ortóptero que entre otras propiedades produce un sonido repetitivo y continuo; pero en la lengua de los modismos posee un significado distinto: conceptúa de manera despectiva a una persona que se dedica a la política o que gusta manipular a la gente mediante labia astuta; la referencia a un animal que hace constante ruido, como el grillo, inspiró la imaginación de quien nombró de forma peyorativa y burlona a los políticos y a los manipuladores con este vocablo.

Jorge García-Robles

* fogosos

Nuestra dicha es atributo de la intensidad; ninguna angustia puede con la barbacoa o con el ruido. No en balde, las congregaciones que aspiran al éxito se llaman *reventones*.

Juan Villoro

* foráneos

Legión forman también los extranjeros que han escrito sobre temas políticos, sociales y económicos mexicanos, a veces logrando obra honda y exhaustiva, a menudo transidos de fe generosa en favor de nuestro pueblo, en ocasiones serenos, imparciales, juiciosos. No han faltado, naturalmente, invectivas de resentidos, injurias de sobornados por intereses antagónicos a México, alabanzas insidiosas, elogios engañosos, lenguas venenosas de serpiente o aparentemente aterciopeladas y tibias de oso sabio en matar lamiendo, literatura adulatoria para sacar ventajas del país o de mexicanos candorosos, o simplemente frívola y comercial de profesional del turismo. Pero, de todos modos, lo bueno supera a lo malo.

Andrés Iduarte

* formalismo

(...) permítanme señalar uno de los aspectos más ingratos del protocolo mexicano: es el que consiste en emplear con humillantes fines una expresión aparentemente gentil y bondadosa como es "¿no se te ofrece nada?" y así el que nos pregunta ¿no se te ofrece nada de Acapulco?, ni en sueño más guajiro está esperando que le contestemos que nos traiga una tonina o algún paquete de esos letales tamarindos que corroen la lengua, destapan caños y disuelven hasta

manifestaciones. No. Lo único que quiere es guisarnos en el fuego lento de la envidia porque el muy desgraciado se va a Acapulco, mientras uno se tiene que quedar acá correteando la chuleta.
Germán Dehesa

* fortaleza
Dice mi hermano Sergio que el Necaxa es como los vampiros: su fuerza radica en que nadie cree en ellos.
Francisco Hernández

* fortuito
Ser mexicano no es ningún mérito en sí, parece ridículo tener que insistir en que es un accidente y que el adjetivo en todo caso no hace más que definir una determinada situación geográfica, ciertas características que, desde luego, no pueden hacerse generales, pero la nacionalidad, vista como un valor intrínseco, que define a todos sus portadores, no es más que un desesperado intento de suplir una ausencia con un fantasma.
Juan García Ponce; citado por Jorge Mejía Prieto

* fraternidad
¿Cómo nos comprometemos los unos con los otros, para el bien de nuestros compañeros?
Que se pierda en nuestro corazón
todo que es sólo para nosotros.
poema tojolabal

* frecuente
Sentirse es verbo reflexivo que conjugamos todo el día, y que no es fácil hallarle digna explicación filológica, por la sencilla razón de que "sentirse" es verbo que registra más el alma mexicana que la gramática española. Estar

sentido con alguien es lo mismo que estar dolido, triste, enojado por algún desaire que nos hicieron. Muchas veces real y, muchas más, aparente.
Joaquín Antonio Peñalosa

* fregado
El Cavernario Galindo, legendario luchador, me contó en una entrevista: "hablo así (muy ronco) porque en una lucha me aplicaron el candado, una llave, y me fregaron el tragadero".
Hugo Hiriart

* fruticultura
Como una aportación adicional a los de mentalidad frutícola, les recomiendo la inolvidable frase *no mameyes en tiempos de melones.*
Mauricio Nelligan

* fumadores
Creo que México es el punto único de la orbe —estamos dejados de la mano de la higiene— donde un cristiano ya oleado, hecho su testamento, comprada su caja y cirio, en las últimas, haya interrumpido al alma piadosa que le ayudaba a bien morir, diciéndole:
—Mire, hermano, ahí junto a las píldoras están mis cigarros, ¡qué le vamos a hacer!, fumemos el del estribo. A las tres fumadas ya era alma suelta.
¡Fumamos como unos condenados!
Ángel de Campo, 1906

* funcionarios
Bajo el sistema federativo los funcionarios públicos no pueden disponer de las rentas sin responsabilidad; no pueden gobernar a impulsos de una voluntad

caprichosa, sino con sujeción a las leyes: no pueden improvisar fortunas (…), resignándose a vivir en la honrada medianía que proporciona la retribución que la ley haya señalado.
Benito Juárez

* fundamental
Te confieso una de mis debilidades: Alfonso Reyes. Si yo fuera el Díaz Ordaz de la literatura mexicana, no daría a nadie permiso de escribir si antes no aprobara con excelentes calificaciones un examen minucioso de la obra de Alfonso Reyes. ¡Quien no conoce a Alfonso Reyes se puede dedicar a todo menos a la literatura! Te lo digo con toda franqueza. El recado más pequeño de Alfonso Reyes, sus innumerables cartas, sus artículos en los periódicos, son creación pura. Reyes es un creador, porque le dio una nueva fisonomía al idioma español. Una es la literatura mexicana anterior a Reyes y otra la que estamos creando los discípulos de Alfonso Reyes.
Emmanuel Carballo, entrevistado por Elena Poniatowska

* funeral
No es nada fácil arreglar el entierro de un mexicano, sobre todo si se le ocurre bajar al sótano en domingo, porque entonces ni misa alcanza. Es preciso proveerse de una rica colección de papeles certificados y comprobantes. Aquí se muere como se vive: burocráticamente.
El papel más indispensable para vivir, para morir, es el papel moneda. La inflación lo coge a uno hasta cuando ya es cadáver. Y con eso de que los deudos andan con los ojos irritados por la falta de sueño y demasía de llanto, no se fijan en los precios de la agencia funeraria,

sino que firman el contrato con antiparras oscuras y vendas de sufrimiento, de suerte que cuando empiezan a mirar, ya no hay remedio. El dolor es de lo más rentable. Y firma dada ni Dios la quita.
Joaquín Antonio Peñalosa

* fusión
La cultura mexicana del relajo tiene una larga tradición. El término "mitote" significa bulla, pendencia, alboroto, barullo o relajo y viene del vocablo azteca *mitotl* que quiere decir baile o fiesta, lo que hace pensar que los aztecas tenían, al menos, un tiempo y un espacio para el relajo. A partir de la conquista española, la cultura del relajo en estas tierras se confunde con la de España.
Rafael Barajas, *El Fisgón*

* futuro
–Señor Monsiváis, ¿cuál cree que es el futuro de la juventud mexicana?
-El futuro de la juventud mexicana... es la vejez mexicana.
nota de prensa

* gachupines
(…) No sólo la filosofía política de la época cercaba a las comunidades indígenas hasta el punto de su virtual extinción o asimilación. También el cuadro político que siguió a la Independencia. En la medida en que el nuevo Estado nació débil, pobre e incapaz de reintegrar la estructura del antiguo régimen, los poderes locales y regionales se fortalecieron hasta convertirse en feudos que actuaban con impunidad frente a los pueblos. (…) No es casual que al contemplar aquel vasto despliegue de resistencia Guillermo Prieto dijera: "Nos hemos convertido en los gachupines de los indios".
Enrique Krauze

* gastadores
En México no estamos seguros de que el futuro exista: cada alegría puede ser la última. (…) No nos sobra dinero sino confianza en que no llegará el día de pagar la tarjeta de crédito.
Juan Villoro

* gastronomía
A la comida mexicana se le guisa aparte.
dicho popular

* geografía
En esta provincia de Oaxaca parece que Dios puso todos los cerros y montañas que le sobraron después que formó el mundo (…)
Francisco de Ajofrín

* giro
Mis antepasados y yo, dentro de la ley, y en forma pacífica, pedimos a los gobiernos anteriores la

devolución de nuestras tierras, pero nunca se nos hizo caso ni justicia (…) por eso ahora las reclamamos por medio de las armas, ya que de otra manera no las obtendremos, pues a los gobiernos tiranos nunca debe pedírseles justicia con el sombrero en la mano, sino con el arma empuñada.
Emiliano Zapata

* gorrones
En México, la gente no respeta el esfuerzo del escritor. No pocas personas le dicen a un autor:
-Ya supe que ha publicado un libro. A ver si me lo dedica y regala.
Nadie, en cambio, se atreve a decirle a un pastelero:
-Sé que usted elabora pasteles. Regáleme uno.
Antonio Castro Leal

* gráfico
(…) la palabra *guácala* es una onomatopeya que se usa para expresar asco y que no se deriva de algún vocablo previamente existente: es un término cuya fuente fonética busca reproducir el sonido que se genera al vomitar (…)
Jorge García-Robles

* grandeza
(…) Pues bien: a dos años del cambio de milenio, la India es el principal país del mundo por cuanto al número de sus idiomas indígenas vivos, con la cifra de 72 (sin considerar las variantes dialectales). México está en segundo lugar en el orbe con 62 idiomas; en pleno 1998. Para sopesar la importancia de esa posición nuestra, conviene anotar que China tiene el tercer lugar con 48 lenguas y la que fue la Unión Soviética tenía el

cuarto lugar con 35. Todas estas cifras no son meras disertaciones lingüísticas; reflejan algo más trascendente, como es la supervivencia pasmosa de culturas ancestrales; en el caso mexicano, la mayoría de las culturas indígenas son de muchos siglos de antigüedad, algunas hasta de milenios.
José N. Iturriaga

* grito
Cada año, el 15 de septiembre a las once de la noche, en todas las plazas de México celebramos la fiesta del Grito; y una multitud enardecida grita por espacio de una hora, quizá para callar mejor el resto del año.
Salvador de Aguinaga

* grosería
(…) la asertividad y la mecánica precisión de otras culturas donde la rudeza se manifiesta desde la invitación: "La familia Jones los espera en su casa, de 7 pm a 11 pm". Los límites no son mexicanos. (…) Fijar la despedida antes de haber llegado es como una fiesta en la que se avisa que no habrá hielo.
Eduardo Caccia

* guarecido
Y ahora interpongo un recurso de amparo contra la depresión.
Carlos Monsiváis

* güey
Esta expresión archiempleadísima por los jóvenes es una deformación de "buey", lo que hace mucho significaba tonto. Por contradictorio que parezca, llamarle a un amigo güey también puede ser un término

afectuoso: "¿Qué onda, güey? ¿A qué horas nos vemos, güey? Oye, güey, como eres a toda madre, tú compras los boletos. ¡Sí, güey! ¿Cómo que no, güey? Ahora te toca a ti, güey… Bueno, güey, ya me voy, porque aquí hay unos güeyes que me están molestando. Luego te hablo, ¿sí, güey?" (…)
Guadalupe Loaeza

* gustos
Los mexicanos somos "conspiranoicos", nos emocionan las preguntas y nos aburren las respuestas. Las versiones donde hay un oscuro y siniestro plan orquestado por un grupo de traidores nos encantan (…)
Antonio Garci

* habitual

Uno de los personajes a quien la sociedad tolera y teme, que se pasea impunemente por las calles sin que nadie sepa a ciencia cierta de qué vive, qué quiere, qué piensa, es el lépero.

Es gente conocida que deambulaba por todos los barrios de la ciudad de México y producto, sin duda, de la crisis social y económica que padece nuestro país.

El lépero también es conocido como pelado, por las veces que caía en la cárcel, o porque no tenía camisa ni forma honrada de vida; en la época virreinal eran conocidos como "ensabanados" porque apenas cubrían un poco su desnudez, pelados, con una sábana o manta.

Agustín Sánchez González

* habladores

[El mexicano] no puede tener la boca cerrada ni cuando trabaja ni cuando estudia. Con decirle que no es capaz de guardar ni siquiera un minuto de silencio cuando en los estadios y plazas de toros lo pide, a nombre de un pobre difuntito, una fúnebre voz en el sonido local. Lo más que ha podido conseguirse es un cuarto de minuto de silencio.

Joaquín Antonio Peñalosa

* hallazgo

Si para no corromperse necesitan dinero, están corrompidos de antemano.

Enrique Dussel

* hamaca

Cuando el mexicano comprueba que la culpa no es suya, se mece en el fracaso como en una hamaca.

Juan Villoro

* herencia

Vasconcelos, siempre varonil y arrebatado, lleno de cumbres y abismos, este hombre extraordinario, tan parecido a la tierra mexicana, deja en la conciencia nacional algo como una cicatriz de fuego...

Alfonso Reyes; citado por Antonio Acevedo Escobedo

* herida

La suerte de los indios ha sido terrible y sigue siéndolo en un México independiente que los sigue tratando casi siempre con desprecio, con discriminación, y eso es muy doloroso, dolorosísimo.

Miguel León-Portilla

* híbrido

Novo califica al chayote de "puerco espín vegetal".

Antonio Acevedo Escobedo

* higiene

(...) 94% de los mexicanos tienen TV y 65% baño: hay más lavado de cerebros que de cuerpos. He aquí el problema de México.

R. Pérez-Ayala

* himno

El himno mexicano nos emociona a nosotros; pero no puede resistir el análisis si uno recuerda esa letra de cruel arrogancia que habla de cañones que retumban y sepulcros que se abren.

José Vasconcelos; citado por Jorge Mejía Prieto

* hipótesis
Si nosotros no lucháramos contra nosotros, la guerra estaría concluida.
Miguel Hidalgo y Costilla

* histórico
(…) cigarros marca Faros (que los condenados a muerte tenían derecho a fumar antes de ser fusilados, de donde proviene la expresión "ya chupó faros") (…)
Jazmina Barrera

* homenaje
Canonicemos a Jaime Sabines por haber canonizado a las putas, los tristes, los amorosos, los vivos, los por morirse y los muertos, saltándose a la chiapaneca, los preceptos del canon.
Canonicemos a Jaime Sabines por haber dado a todas las gentes pequeñas –es decir, todos nosotros— las palabras para expresar el amor, la ausencia, el olvido y los benditos segundos del éxtasis.
Canonicemos a Jaime Sabines por levantar, como don Jorge Manrique y Federico García Lorca, su protesta humana frente al interminable fracaso de la creación.
Canonicemos a Jaime Sabines por ser nuestro poeta más entrañable, más sabio en poesía, más memorizado por su pueblo, más luminoso y hundido en las sombras, más cargado de humanidad adolorida y jubilosa... y menos, pero mucho menos canónico.
Hugo Gutiérrez Vega

* honestos
Aquí sí vendemos litros de a litro.
anuncio en algunas gasolinerías

* honorarios
En México se paga a los periodistas, no por lo que dicen, sino por lo que no dicen.
Roberto Blanco Moheno; citado por Aníbal Gallegos

* honradez
Siento que [en el periodismo] las mujeres han sido más honradas que los hombres. Antes en México se hacía lo que decían "el chayote", era un sobre larguito. Era muy fácil para un hombre metérselo en el saco pero para una mujer no, todas tenemos bolsas con zíper, si te dan un sobre te tienes que quedar con él en la mano. Era muy visible. Además del punto de vista técnico, que es difícil, sí creo que las mujeres en general han sido muy honestas.
Elena Poniatowska; citado por Cecilia González

* hospitalidad
Cuando el mexicano alude a su casa la designa como su pobre casa, así sea soberana residencia. (…) Tendencia connatural a hacer pequeño lo grande, y más cuando todo esto es pertenencia suya. "Tengo una casita en las Lomas de Chapultepec y otra casita en Las Brisas de Acapulco". Pues pobrecito.
Joaquín Antonio Peñalosa

* hueso
A tener un trabajo común y corriente, el mexicano prefiere tener un "hueso". El hueso es un trabajo para el que no se necesita capacidad ni preparación, basta y sobra una "palanca", que no es otra sino la recomendación de algún influyente. Como la imaginación canina, la del mexicano se vive soñando en un hueso más o menos jugoso que le permita roer un buen sueldo con

poco esfuerzo y por mucho tiempo. Claro que para lograrlo, "se necesita una poca de gracia y otra cosita". El buscador de un hueso tiene que recurrir a caravanas, adulaciones, antesalas, estar emparentado con el secretario del secretario, o haber tenido la fortuna de ser compañero de banca de algún político afortunado. Porque el hueso es una institución en cadena. El que tiene un pequeño hueso, señal es que lo obtuvo de alguien que tenía un hueso muy grande; y éste a su vez lo recibió de otra persona que era dueña de un hueso todavía mayor, y así sucesivamente hasta llegar por todo lo alto. De arriba viene el reparto de huesos, de la punta de la pirámide va descendiendo hasta la base, con lo que se forma una fuerte y robusta subordinación de personas, en cuanto que el hueso supone sometimiento y dependencia. (…)

Los más hábiles se pasan jugando toda la vida a los huesitos, porque van de hueso en hueso, con poco sufragio efectivo y bastante reelección política.

Joaquín Antonio Peñalosa

* huitlacoche

Si usted ha comido unos sabrosos tacos de huitlacoche, sabrá que se trata de un hongo que ataca al maíz y que era degustado por los pueblos precortesianos. La farmacopea indígena ya usaba esta sustancia en el tratamiento de algunas enfermedades, pues hay que recordar que la herbolaria medicinal estaba tanto o más adelantada que la de la Europa renacentista, pero que con la imposición de las costumbres extranjeras, mucho de ella se perdió. Pues el huitlacoche es un hongo de la familia *penicillium*, como se denominó siglos más tarde al primero de los antibióticos.

Roberto A. Ayala

* humor

La cultura del humor negro está muy expandida en México y los filósofos que reflexionan sobre el mexicano estudian este fenómeno, Jorge Portilla afirma que "en México el humor negro es cosa frecuente y los mexicanos ponen en obra esta actitud a veces con maestría espeluznante".

(...) el humor negro es una forma extrema del humorismo, la que se ejerce ante las situaciones más horribles, crueles y descarnadas: la muerte, el asesinato, el secuestro, las catástrofes, las plagas, el genocidio, la guerra, la tortura, la mutilación, las enfermedades terminales y demás horrores. (...)

El humorista negro aparenta controlar sus instintos al punto de que se muestra tan terrible y monstruoso como las tragedias de las que hace escarnio; pretende ser tan cruel y despiadado como las situaciones de las que se burla, incluso su meta es mostrarse peor que los dramas de los que se mofa, colocarse por encima de ellos. Para practicar el humor negro es necesario mantener la frialdad del criminal sin serlo.

Dado que parece extraer placer del dolor propio o ajeno, el humor negro pareciera ser un mero ejercicio sádico o masoquista, pero no es así. (...) El humor negro aparenta ser terrible y cruel; sin embargo, en el fondo, no es más que un recurso para adaptarse a la crueldad y al terror de una realidad específica (...)

Detrás de casi toda manifestación de humor negro está un individuo que hace esfuerzos enormes por tomar distancia de un drama y por controlar su propio pánico, su sufrimiento, un ser humano aterrado por la crueldad y la fatalidad, un alma que busca entender y sobrevivir las penas de la vida corporal. De hecho, el humor negro es practicado con mucha frecuencia en situaciones

extremas por personas desamparadas que no tienen más defensa que su ingenio y su sangre fría.
Rafael Barajas, *El Fisgón*

* hurgar
Para sacar provecho a Rulfo hay que escarbar mucho, como para buscar la raíz del chinchayote. Rulfo no crece hacia arriba sino hacia adentro.
Elena Poniatowska

* identidad
No hay nada mejor que ser mexicano y no saberlo, es la conciencia de la mexicanidad lo que abruma, es la pretensión de desentrañar racionalmente el caos de las emociones lo que destruye. Es el buscar explicaciones para cosas que no deberían tenerlas lo que entristece.
Paco Ignacio Taibo II

* ideología
(...) el hecho de que nadie en México diga orgullosamente: soy conservador, o soy de derecha, debería alarmarnos. Quiere decir que en México ser revolucionarios, progresistas o de izquierda es la única forma posible de ser conservadores, reaccionarios o de derecha.
Gabriel Zaid

* idiosincrasia
De principios del siglo XIX hasta casi nuestros días, a la crónica periodística mexicana se le encomienda verificar o consagrar cambios y maneras sociales y describir las impresiones cotidianas elevándolas al rango de lo idiosincrático (aquello sin lo cual los mexicanos serían, por ejemplo, paraguayos).
Carlos Monsiváis

* igual
(...) porque el único factor que puede poner a los productos manufacturados en la América Latina en condiciones de competir en los mercados internacionales es lo exiguo de los salarios de los operarios. Esto quiere decir que estamos en el mismo punto en que estábamos cuando vino Humboldt, visitó las minas de Guanajuato y comentó: "la riqueza de

Guanajuato no está en el interior de sus montañas, sino en la pobreza de sus habitantes".
Jorge Ibargüengoitia

* ilimitado
Hasta a la muerte la tratamos los mexicanos con empalago, la envolvemos como un tamal en las melosas hojas de elote del diminutivo. En los pueblos de México se junta la gente para rezar nueve noches por el alma del difuntito.
Octavio Novaro

* ilusión
Las varillas en una construcción pueden ser vistas como un signo de dejadez, de abandono, de pereza, de que algo quedó incompleto. Prefiero verlas como un signo de esperanza, de que ahora no se pudo pero confiamos que en el futuro sí, que la familia va a crecer, etc.
autor desconocido

* imagen
"¿No cree que salió más caro el caldo que las albóndigas?" Aunque las albóndigas rara vez vienen en caldo, la frase permite pasar a un mundo superconcreto donde las albóndigas representan dólares y el caldo una situación escandalosa.
Juan Villoro

* imaginación
En torno de una providente y sustancial botella de tequila, cómo nos hemos reído [con Luis Mondragón] ante la imagen, inventada por él, de un Mefistófeles domiciliario y sin malignidad, que gritara de patio en patio por las vecindades: "¿Almas usadas que vendan?",

pero con la voz socarrona y meliflua de un coleccionista de objetos preciosos disfrazado de ropavejero.
José Revueltas

* imperioso
El desmadre es una necesidad social, algo más que el desahogo o que la energía imposible de refrenar; el desmadre borra jerarquías (…)
Carlos Monsiváis

* implacable
Yo no sé qué opinen los moralistas, pero para mí la moral en la política es un árbol que da moras (…)
Gonzalo N. Santos

* importamadrismo
(…) el mexicano tiene una conducta enfrente de la vida, a la cual él [Camón] ha denominado "el importamadrismo"; el autor alude a la frase tan frecuente en el mexicano: "me importa madre"; en realidad, de acuerdo a lo visto, al mexicano, efectivamente si algo le importa en la vida, es eso: su madre. En sus contenidos manifiestos y en su expresión caracterológica, está negando el objeto al cual se encuentra profundamente vinculado. En otras manifestaciones populares, la verdad e importancia de la liga con la madre se hace manifiesta, como en la canción o cuando el sujeto expresa: "me dieron en la madre" o "me rompieron la madre". Se está expresando que es justamente la vinculación temprana la que estructura e integra, que sin ella se pierde todo contacto y toda fuerza.
Santiago Ramírez

* imposible
Conozca México, dicen los carteles turísticos. (…) Se

puede conocer bien Francia, Italia, Inglaterra, todo a la vista. México tiene todavía medio cuerpo enterrado. No hay certeza que no sea suposición, barrunto, presumir de lo consumido mezclando lo conjeturable con lo cierto. ¿Cabe mayor libertad?
Max Aub

* imprecisión
No hay conversación mexicana en que no surja la expresión "ahorita". He allí un término que se puede utilizar igualmente en diminutivo, "ahoritita", y no precisamente para acortar el tiempo, sino para alargarlo y postergar lo que se va a hacer: como puede significar en el preciso momento, puede ser dentro de una hora, una semana, un año o ¡nunca!
Guadalupe Loaeza

* imprescindible
Sin la Chingada y el Carajo todos los diálogos se ven deshabilitados.
Carlos Monsiváis

* impugnación
En su cuadro de los sofismas, los lógicos han olvidado uno muy frecuente: el sofisma de atribuir intención a lo que carece de ella, sofisma de seudo-intención o de "finalismo" (...) Alguna vez dije que, en México, la "ley de la pura tarugada" o casualidad sustituye a la ley de la causalidad.
Alfonso Reyes

* inadvertido
El pimento es un chile sin personalidad.
Coco Manto

* incansables
Los amorosos buscan (...)
Su corazón les dice que nunca han de encontrar,
no encuentran, buscan.
Jaime Sabines

* incertidumbre
En México todo cambia y nada cambia. Lo único seguro
es que nada está seguro: aquí todo puede temblar, todo
puede caer. Todo es promesa, todo es amenaza. Todo
es sorpresa todo el tiempo.
Martín Caparrós

* incierto
Casi siempre, las películas mexicanas de horror son
cómicas y las cómicas, de horror.
Luis Ignacio Helguera

* incógnita
No se apene si, después de haber probado la sopa del
día, se siente usted obligado a preguntar al mesero si
tiene idea de que día se trata.
Guillermo Sheridan

* incoherencia
(...) en las comidas de abstinencia hay platillos de privanza
eclesiástica. Lentejas, capirotada, chilaquiles, camarón,
torrejas... y es lo que dice en su sabiduría anticlerical el
doctor Barreto: "¿Así entiende la Iglesia la templanza?"
Ramón López Velarde

* incomparable
Cocinas tan prestigiadas como la francesa o la española,
cuando se orientan hacia las tortas (con sus baguettes o

pepitos), resultan de un atraso bosquimano comparadas con la torta compuesta de México. Los anglosajones también ostentan un notable subdesarrollo en sus sándwiches.
José N. Iturriaga

* incomprensible
(…) México (…) es un país de irrealidad, de fantasías completamente verosímiles.
José Revueltas

* inconcluso
El drama de este país es que no hemos acabado de vencer a la serpiente.
José Clemente Orozco; citado por Jorge Mejía Prieto

* inconducente
(…) no hay nada más doloroso que un país que se regodea en su deshonra y espera a que sus traidores estén caídos para vejarlos.
José Vasconcelos

* inconveniente
… Como le decía yo a Torres Bodet:
—Eso de la campaña alfabética tiene un grave inconveniente: el que aprende a leer quiere escribir …
Alfonso Reyes

* incorporado
Los mexicanos tenemos un sismógrafo en el alma, al menos los que sobrevivimos al terremoto de 1985 en el Distrito Federal.
Juan Villoro

* indefinición
-A ver qué día vienes a comer a casa. (Son ganas de no invitar, porque no te precisan siglo, año, mes, día y hora). A lo que el ingenuo invitado responde por las mismas:
-A ver cuándo. (…)
Y así pasan los días y ruedan las noches del mexicano hasta desembocar en la muerte, después de una vida entre relojes sin manecillas y calendarios sin hojas. A ver si hoy. A ver si mañana. A ver cuándo.
Joaquín Antonio Peñalosa

* indicios
Pues bien, la *sociedad civil mexicana* parece levantarse de las cenizas en que la ha mantenido nuestra cultura estatal con su ingeniería de la desconstrucción colectiva...
Sergio Zermeño

* indisociables
(…) el platillo más típicamente mexicano es el mole, inefable combinación de por lo menos tres especies de chiles, cuya presencia es obligada en las bodas del pueblo. Boda y mole andan tan vinculados, que cuando los novios viven un romance torrencial, los maliciosos amigos dicen "ya huele a mole".
Joaquín Antonio Peñalosa

* indispensable
Sin la existencia del chile no existirían los *antojitos* o, más aún, ni la misma cocina mexicana. (…)
José N. Iturriaga

* indumentaria
Pero, ¿por qué el cantante de smoking pasa casi

inadvertido y al enfundarse un traje de charro conmociona literalmente a las multitudes?
Carlos Monsiváis

* ineludible
En México, si Caín no mata a Abel, Abel mata a Caín.
Álvaro Obregón; citado por Jorge Mejía Prieto

* inentendible
Yo, como no soy político, no entiendo de esos triunfos a medias; de esos triunfos en que los derrotados son los que ganan (...)
Emiliano Zapata

* inesperado
Por algún motivo arraigado en nuestra psique cultural, cuando el mexicano se despide de una reunión social espera que el anfitrión, a modo de cortesía elemental, le pida que no se vaya. Sobreviene una diplomática negociación en la que el invitado concede permanecer "un ratito más"; a sabiendas que el diminutivo es la fórmula nacional de la indefinición y un efectivo recurso para negociar. Vendrá en cierto momento un "ahora sí, ya nos vamos", señal contundente de la retirada, a la que el dueño de la casa no se opondrá, con otra hermosa floritura verbal: "bueno, se van porque quieren". Las partes han salido airosas en un juego de mascaradas que tendrá un nuevo episodio, anunciado con el tradicional "nos vemos pronto".
En cierta ocasión departíamos agradablemente en casa de otro matrimonio y, como preparación para la despedida, dije: "Gracias, creo que ya nos vamos". Los anfitriones reaccionaron con dureza innecesaria: se levantaron de su asiento y caminaron hacia la puerta

mientras decían: "Gracias por haber venido". Resignado, dejé mi copa en la mesa. En ese momento sientes que te caes al vacío, sin red que te contenga. ¿Cómo explicarles que era "un decir"? ¿Cómo decirles que su reacción equivale a corrernos? (…)
Nada es más desalentador para un mexicano que el anfitrión te deje ir con facilidad.
Eduardo Caccia

* inevitable
Como quien vive en México algunos años se contagia de su barroquismo (…)
José Moreno Villa

* inexplicable
No conozco hecho alguno imputable a mí que motivara este fenómeno social (…)
Porfirio Díaz en su renuncia

* infalible
Las vendedoras, de un negocio o ambulantes (…) me aplicaban (…) el genérico "señito", que me encantaba oírles, prudente ambigüedad entre señora y señorita, cosa de no ofender a nadie.
Ida Vitale

* infaltable
Con la papaya se comprende la buena digestión. Su nombre parece compuesto por un chico o por una raza balbuciente. Es fruta que no seduce por el olfato, sino por el paladar. Con unas gotas de limón es exquisita. Se diría que es hermana del melón, pero es opuesta a él por la carencia de rico aroma y por su virtud estomacal.
José Moreno Villa

* ingrediente
Soy un ingrediente nacional como el epazote o el tequila…
Agustín Lara; citado por José Natividad Rosales

* iniciativa
Habría que darle un premio cívico al valiente que se atreviera a decir: "Me equivoqué". Hemos llegado a tal embrollo que reconocer una falta, y pedir el perdón correspondiente, se ha vuelto perjudicial.
Juan Villoro

* inimaginable
La ciudad de México es cómplice de la preponderancia del Poder Ejecutivo; aquí se han fortalecido tlatoanis, virreyes, emperadores, caudillos y presidentes (…) No se puede pensar en la ciudad de México sin el Palacio Nacional; pero sí se la puede muy bien imaginar uno sin Cámara de Diputados.
José Joaquín Blanco

* injusticia
Miguel del Castillo Negrete Rovira, jefe de la Unidad del Desarrollo Social de la Comisión Económica para América Latina y el Caribe (CEPAL), sede subregional de México, presentó el informe "La distribución del ingreso y la riqueza en México y países seleccionados", el cual indica que (…) está mal repartida entre sus habitantes, pues "el 1% posee el 41.2%" de la riqueza mexicana. (…) Información de la conferencia retomada por la Dirección General de Comunicación Social de la UNAM, subraya que únicamente el 0.1% de las familias goza del 22.3% de la riqueza neta, incluyendo activo físicos y financieros.
aristeguinoticias.com, septiembre de 2023

* inmejorable

La tortilla mexicana no tiene nada que ver con las tortillas francesa o española. (…) Es un disco de masa de maíz que se lamina y sutiliza a palmetazos maestros. Las tortillas no llevan huevos. Se cuecen y se ponen calientitas en la mesa, entre servilletas. Son de muy distintos diámetros, espesores y hasta formas. (…)
La tortilla es manjar e instrumento. Se puede usar como vehículo horizontal o plano, como vehículo cilíndrico o enrollado y como vehículo plegado. Sabiendo usarla, resulta un auxiliar cómodo y limpio.
José Moreno Villa

* inmerecido

(…) quisiera saber quién fue el hijo de la chingada que anduvo corriendo el rumor de que yo era insobornable.
doctora Ilustración, creación de Carlos Monsiváis

* inmutables

Cuando todo parece que se va al carajo, los tamales oaxaqueños seguirán calientitos...
Juan Villoro

* innecesarios

Pies, para qué los quiero si tengo alas para volar.
Frida Kahlo

* innovación

El año 1944 se señala en la historia de nuestro teatro frívolo por un cambio radical en la organización de este espectáculo. Poco a poco la empresa Follies venía restándole importancia al libreto de las revistas, contratando de preferencia números de variedad –cancionistas, cancioneros, actos de circo, duetos y

tríos, monologuistas, etc.-, que injertaba en los cuadros de la revista o entre uno y otro. Ya *Cantinflas* había introducido la costumbre del diálogo entre el actor cómico y su "patiño". (Este "patiño" es el actor serio que dialoga con el actor cómico, según costumbre que estableció el gran *clown* Ricardo Bell con el director de pista del Circo Orrin señor Carlos Patiño). De este diálogo entre el cómico y su "patiño" se derivó el *sketch* que vino a ser otro número en el desfile de atracciones.
Armando de María y Campos

* inobjetable
(...) debo admitir que geográficamente hablando, México no tiene peros. Hay de todo. Hay precipicios, llanuras, montañas, desiertos, bosques, ríos que se desbordan, playas, etc. Todo esto cobijado por un clima relativamente benigno. Sobre todo, hay donde escoger. Si no le gusta a uno el calor, se va al frío. Si no le gusta a uno la montaña, se va al llano.
Jorge Ibargüengoitia

* inocente
Yo nací con la música por dentro. No tengo la culpa de echarla para afuera.
Agustín Lara

* inoportuna
La "Hora Nacional" se trasmite los domingos (¡los domingos para colmo!) de noche (...)
Luis Ignacio Helguera

* inoxidables
Cuando se siente uno desesperado ante la creciente desmoralización del país, ante la podredumbre y

corrupción que privan en todas las esferas –al grado de estar ya inoculada la que se supone la más íntegra por excelencia, aun en los pueblos más infelices del mundo, la esfera de los intelectuales–, no faltan esos escritores que "ya vienen de regreso de todo" (porque jamás han ido a ninguna parte, añadía Machado), que se lamentan con falsa nostalgia: "¡Ustedes los jóvenes, los que aún pueden gritar y rebelarse! ¡Esperen cuando con el tiempo vengan las decepciones, los desengaños, las amarguras de la lucha por la vida!" Yo puedo contestar bien alto, desde ahora, a esas personas: conozco escritores, poetas, periodistas que a pesar de los años y contra los años se mantienen espléndidamente firmes, derechos y arrogantes como el asta de una bandera. ¡En la lucha por el hombre, nadie tiene derecho al cansancio!
José Revueltas, 1951

* inquietud
Sin temor a exagerar, podemos decir que México es una de las más ricas, variadas y a mi forma de ver hermosas naciones del mundo. Contamos con una de las tres floras más variadas del orbe, con la cuarta reserva petrolífera más importante, los litorales más extensos de América Latina, más de 200 playas turísticas de primera calidad, desiertos, selvas, bosques.
Y tan importante o más es el legado cultural que nos dejaron: más de 30 mil centros arqueológicos, una de las tres comidas más importantes del mundo, la mayor variedad de dulces típicos, docenas de trajes regionales, un importante legado musical (…)
Hemos destruido 92 por ciento de nuestras selvas tropicales, 80 por ciento de nuestros bosques templados, tenemos la ciudad más contaminada del mundo, perdemos más de 250 mil hectáreas de la mejor tierra agrícola por la

erosión, de los 10 ríos más importantes del país ocho tienen un alto índice de contaminación, hemos desecado más de 80 lagos, el de Chapala tiene una cuarta parte del agua que tenía hace un siglo, el de Pátzcuaro corre el riesgo de morir en los próximos 15 años, se ha extinguido más de 90 por ciento de las especies de mamíferos existentes a la llegada de los españoles (…)

Lamentablemente, algo semejante ocurre también con nuestro legado cultural.

(…) ¿realmente nos merecemos este país?

Edgard Mason V., 1993

* insípido

Para los extranjeros todo lo que aquí no sea levantamiento armado no tiene chiste.

(..) países como el nuestro no tienen realidad vital mientras no produzcan una hecatombe.

Jorge Ibargüengoitia

* insistir

Dicen los que saben algo muy cierto: si en un pueblo se cree que para que llueva hay que danzar, con toda seguridad se logrará si no se deja de danzar hasta que llueva. Del mismo modo, si para que haya justicia hay que insistir, marchar, organizarnos, no olvidar, pensar y, sobre todo, conservar la capacidad de indignación, no hay que dejar de hacerlo hasta que se haga justicia.

Manuel Gil Antón

* insólito

(…) para seguir con las ironías: el monumento de la Revolución lo construyó… ¡Don Porfirio! (como parte de las obras para el proyectado Palacio Legislativo).

José Joaquín Blanco

* instar

Quien tenga perros, que los amarre y quien no... pues no.

el filósofo de Güemes

* instrucciones

Y tú, mujer, cuida a tu esposo, obedécelo, respétalo y sigue en todo tiempo sus instrucciones.

epístola de Melchor Ocampo

* insuperable

¿Y las quesadillas? De papa, de queso, de flor de calabaza, de sesos, siempre con su rajita de chile. Son en realidad las tortillas dobladas (*tlacuelpacholli*) de que hablaba Sahagún; pero gustosamente preñadas. Son como un sobre lleno de buenas noticias. Una "omelette" bien hecha, "baveuse" adentro, rellena de lo que sea y soldada en los bordes y doradita afuera, no es más que una quesadilla de lujo. Con grandes ventajas de manipulación y mordisco a favor de la quesadilla, por supuesto.

Salvador Novo

* insustituible

Durante mi vida ha sido el hotel de México, de la colonia Nápoles (…) el referente en el horizonte. Siempre que me perdía bastaba con tenerlo a la vista para saber hacia dónde tenía que ir.

Jazmina Barrera

* intelectuales

(…) curiosamente, en México estos dos tipos de intelectuales, el palaciego y el figurón, convergen extrañamente en *una sola representación*: los vemos al servicio de los poderes pero asimismo, *simbólicamente*, apareciendo en público con discursos que simulan a la perfección estar a favor de las causas públicas; firman documentos en contra de procederes gubernamentales pero al otro día van a desayunar con los funcionarios responsables de tales soeces determinaciones contra la ciudadanía; escriben artículos exhibiendo su desacuerdo con las políticas ocultas del gobierno, pero al otro día toman el avión junto con la comitiva presidencial para dar un largo paseo diplomático por los países, digamos, de Asia; defienden a rabiar, mediante textos muy bien escritos y razonados, las políticas vigentes pero en cuanto cae, o se diluye, un presidente, escriben sobre lo nefasta que fue su administración y que dejó en el abandono, ay, al querido pueblo mexicano.

Víctor Roura

* interjecciones

Los mexicanos han ido confeccionando poco a poco su propio sistema interjectivo, de suerte que de los castizos vocablos castellanos apenas nos quedan unos cuantos; ah, ay, eh, oh, ojalá, huy, caramba, hola. (...) Por pintoresca curiosidad apuntamos unas cuantas interjecciones nacidas al aire de las plazas y al trajín de la calle. Hervorosas y risueñas. Entre irónicas y picosas. Sentimentales siempre como su autor, el pueblo soberano. (...)

Aguas. Para dar el pitazo, prevenir el peligro, advertir a tiempo la amenaza. Como cuando se acerca la policía o la suegra.

Ah Chihuahua. No es tanto la entidad federativa ni su capital, cuanto discreto eufemismo con que se elude una gruesa maldición que empieza con chi, como Chihuahua.

Ah jijo. El mismo procedimiento evasivo. Se trata del hijo de chihuahua. (…)

Ajúa. Explosión jubilosa de los norteños. (…)

Fuchi, fúchile. Para expresar asco.

Hijo, híjole, íjole. Otro recatado eufemismo para evitar aquello de "hijo de la …"

Juega. Aceptación. Sí, con gusto, está bien, convenido.

Ora, órale. Tiene múltiples significados; ya, enseguida, cómo no, de acuerdo. (...)

Sobres. Es lo mismo que "juega". (...)

Con estas hierbezuelas aromáticas se condimenta el sabor y el punto de las charlas cotidianas que los habladorsísimos del barrio extreman en cantidades industriales.

Joaquín Antonio Peñalosa

* interpelación

(…) Cuando bajamos de las montañas cargando a nuestras mochilas, a nuestros muertos y a nuestra historia, venimos a la ciudad a buscar la patria. La patria que nos había olvidado en el último rincón del país; el rincón más solitario, el más pobre, el más sucio, el peor. Venimos a preguntarle a la patria, a nuestra patria, ¿por qué nos dejó ahí tantos y tantos años? ¿Por qué nos dejó ahí con tantas muertes? Y queremos preguntarle otra vez, a través de ustedes, ¿por qué es necesario matar y morir para que ustedes, y a través de ustedes, todo el mundo, escuchen a Ramona -que está aquí- decir cosas tan terribles como que las mujeres indígenas quieren vivir, quieren estudiar, quieren hospitales, quieren medicinas, quieren escuelas, quieren alimentos, quieren respeto, quieren justicia, quieren dignidad? (…)

¿Por qué es necesario que mueran los que murieron? ¿Por qué es necesario matar y morir? ¿Qué ocurre en

este país? Y hablamos a todos: gobernantes y gobernados, ¿qué ocurre en este país que es necesario matar y morir para decir unas palabras pequeñas y verdaderas sin que se pierdan en el olvido? (…)
Cultivar entre nosotros el árbol del amor, el árbol del deber, en este cultivo poner la vida toda, cuerpo y alma, aliento y esperanza. Ustedes nos han dicho que es posible llegar a esto sin la guerra, que es posible que la paz abra la puerta de la esperanza para nuestros pueblos, los escuchamos a todos, los gobernantes y los gobernados.
informe del Diálogo para la Paz, EZLN, 23 de febrero de 1994

* interpretación
Se ha dicho que la Conquista la hicieron los indios (los tlaxcaltecas que ayudaron a Cortés) y la Independencia los españoles (los criollos que rompieron con la metrópoli).
Gabriel Zaid

* intranquilidad
(…) mientras tantas e irritantes y dolorosas desigualdades sociales… manchen… la vida humilde de nuestro pueblo, no puede ni debe haber tranquilidad (…)
Rómulo Calzada, 1952; citado por Andrés Iduarte

* intransigencia
No transigimos con la tiranía aunque pudiera dar mucho pan; queremos el pan, pero también defendemos el alma que no puede vivir sin libertad.
José Vasconcelos

* intriga

(…) quiero suponer que algún día podré discernir lo que realmente quería decir mi madre cuando, con ojos velados sutilmente por un leve brillo, observaba a un carpintero y comentaba a media voz: "en su tipo, no es feo".

Germán Dehesa

* introducción

Siempre hay un amigo que es la "botana" de la fiesta, a quien todo el mundo "botanea", especialmente cuando se está tomando la botana. (…) Una botana bien servida y variada puede ser más lucidora que la propia comida o cena. Durante las botanas mexicanas se pueden cerrar los negocios más millonarios, seducir con más eficacia o descubrir los chistes y chismes más sustanciosos, sabrosos y peligrosos.

Guadalupe Loaeza

* introspección

Yo solo sé que no sé náhuatl.

Jaime López

* invencibles

En la Central de Trabajadores de México somos más marxistas que el papa.

declaración de un líder obrero; citado por Carlos Monsiváis

* invento

(...) Carlos Fuentes ha dicho que cuando era niño, él pensaba que México era un lugar que su padre había inventado para divertirlo.

Martha Mabey

* inverosímil
En México hubo un presidente municipal que inauguró una clínica de rayos 10.
Jaime Avilés

* inversiones
No tenemos capital que impulse nuestras empresas; necesitamos el poderoso empuje del dinero extraño, y cuando éste viene caminando triunfante sobre palmas, miramos con espanto que va a impulsar nuestras empresas, como deseábamos, pero no hacia nosotros, hacia él. Estamos en la misma condición de un paralítico, sentado frente al arcón que guarda una fortuna: bástale tender el brazo para alcanzarla, pero sus brazos no tienen movimiento; llama, y quienes acuden a ayudarle, se llevan el arcón bajo del brazo.
Manuel Gutiérrez Nájera, 1881

* invierno
No: en México, la última estación del año nada tiene de común con aquella que siembra la muerte en los tristes paisajes del norte. Aquí, el invierno es un viejo alegre y sonrosado, de ojos picarescos y de movimientos vigorosos, que juega, que ríe, que canta y que muere como Anacreonte, con una corona de rosas sobre sus cabellos de plata
Ignacio Manuel Altamirano, 1869

* invitación
Éntrale, Matías, que de esto no hay todos los días.
autor desconocido

* invocación
Oh divino Santo Lino,

líbrame de todo mal,
por arriba, por abajo,
por delante y por detrás.
citado por Gabriel Zaid

* irrompible
A este país se le conoce como el país corcho, ¿sabes?
por más que lo hundan siempre sale a flote. Por más
bandidos que haya, no se lo acaban, es riquísimo.
¿Conoces Tabasco? Es el único lugar del mundo donde
las vacas estiran el pescuezo hacia el cielo para comer
pasto. Nunca se agachan, así de grande se da el pasto.
No. Nadie podrá acabarse este país, bendito de Dios.
José Pagés Llergo; citado por Margo Su

* itinerario
(…) el tradicional mandato colgado a la puerta de la
pulquería, por fuera: "Vayan entrando, vayan pidiendo,
vayan pagando, vayan saliendo".
Rubén M. Campos

* jijos

¿Qué es lo que somos nosotros (…)? Bastardos, aunque seamos hijos legítimos. Todos somos hijos de una violada, de una chingada; por eso el mexicano es hijo de la chingada, de la que chingaron; chingar viene de singar, que quiere decir fornicar.

Todos somos eso, metafísicamente. Hay una frase de José E. Iturriaga muy certera: "El primer mexicano no nació del amor, sino de la violencia".

Andrés Henestrosa; citado por Martha Chapa

* Juanga

A Juan Gabriel nada le ha sido fácil, salvo el éxito.

Carlos Monsiváis

* juchitecas

Un suelo caliente en que esas mujeres caminan descalzas, trabajan hasta muy bajo el sol y muy alta la luna, sin pausas, mientras atienden los otros pequeños menesteres de la vida diaria. Un mercado lleno de rumores, de idioma indio, de mujeres que ríen con la boca o con las manos, aunque parezca un contrasentido. Unas mujeres que cuentan de un puesto a otro puesto del mercado un episodio tremendo, de la más estricta intimidad, mientras otras mujeres escuchan, y luego celebran con una carcajada o con aplausos, que entonces tienen su doble connotación.

Andrés Henestrosa

* juicio

(…) la de Gabriel Vargas es la mejor crónica popular de varias décadas.

Carlos Monsiváis

* justicia

Señores, la justicia hay que defenderla más allá del huerto de mi compadre.

Lázaro Cárdenas

* justificación

Justo R. Molachino cuenta que una de las criadas que quedaron embarazadas al llegar un tropel de albañiles por su rumbo, se excusó así con su patrona por tal desliz: "Es que las mujeres somos muy fragilidosas y los hombres son muy insistidores".

Edmundo Valadés

* justo

Ahora exíjase que los gobernadores también escuchen año tras año el informe de sus gobernados.

Nikito Nipongo

* lambiscones

Mexicanismo de certera semántica: los que caninamente lamen con la lengua del elogio bajuno al superior circunstancial. Proviene del vulgarismo *lamber*, igual a *lamer*.

José E. Iturriaga

* lamento

Qué injusticias tan injustas comete la justicia.

Germán Valdés, *Tin Tan*

* lapidario

En 1914 Eulalio Gutiérrez —presidente de México elegido por la soberana convención revolucionaria— dejó una de las frases más lapidarias de la historia nacional: "el paisaje mexicano huele a sangre".

Alejandro Rosas

* lealtad

Una de las verdades que me gusta ocultar a los extranjeros es que sólo tomo tequila delante de ellos. Y lo hago para no tronarles la imagen de Pedro Infante, quien –ellos tampoco lo saben- era abstemio, así como Jorge Negrete nunca se emborrachó y las botellas que Agustín Lara tenía en su cava estaban rellenas de té negro.

(…) uno debe cargar con la nacionalidad a todas partes. Hace poco, en Bogotá, mis abochornantes comensales colombianos delataron mi origen a los meseros y éstos, obsequiosos, me plantaron en frente un plato de ají y un vaso de tequila Sauza blanco para que yo pasara a demostrar, una vez más, que ser mexicano y trabajar de faquir es lo mismo. Acompañaron la tortura con preguntas especializadas sobre el cómico Chespirito, la cantante Talía y la película "Amores perros". Del viaje

colombiano salí con una renovada convicción sobre mis lagunas en materia de pop mexica y con una úlcera sangrante. Pero no chillé, me lleva.
Fabrizio Mejía Madrid

* legalistas
Además de crear instituciones y oficinas de todo tipo y de favorecer el crecimiento de la burocracia, lo que más se hace en México son leyes. Existe entre nosotros la convicción, heredada de la era colonial con sus costumbres españolas y de los liberales decimonónicos con sus ideas francesas, de que ésa es la manera de hacer que las cosas funcionen. (...) Total, crear leyes es fácil, al fin que lo de menos es lograr que se cumplan.
Quizá por eso con todo y el derecho inalienable al trabajo, hay millones de desempleados y con todo y el derecho a la alimentación, a la salud y a la educación, millones de ciudadanos no tienen acceso a nada de eso y con todo y la responsabilidad que tienen las empresas para mejorar la calidad de vida de sus trabajadores, éstos siguen ganando salarios miserables, no cuentan con prestaciones y tienen horarios de trabajo de verdadera explotación (...) y con todo y la nueva y flamante Ley General de Acceso a las Mujeres a una Vida Libre de Violencia hay millones de esposas maltratadas a las que nadie defiende (...)
Sara Sefchovich

* lema
(...) todos nuestros esfuerzos y la mayor parte de nuestro presupuesto van dirigidos (...) a hacer posible que por nuestra raza hable el espíritu. Aunque tenemos que reconocer que hasta ahora ha hablado más bien en una voz tan baja que casi resulta inaudible.
Rosario Castellanos

* lentitud

Los pueblos indígenas de México (...) están aún bajo la maldición de la Conquista (...) Sin embargo, ya la Revolución comienza a ocuparse de ellos (...)
Aureliano Esquivel Casas, 1940

* letreros

Es un paranoico o da un buen consejo: "No me sigas que voy perdido".

En un camión que llevaba arena, una aclaración tal vez innecesaria: "Materialista pero no dialéctico".

La educación como medio de ascenso social sigue teniendo su reconocimiento: "Todo por no estudiar".

Determinante: "Si no se anima para qué se arrima".

En un camión de carga la coartada a la imposibilidad: "Los valientes no corremos".

El posesivo con el que por supuesto estoy de acuerdo: "Si no regreso te vas de monja".

El albur no falta: "Si voy despacio tócame la corneta".

En un camión destartalado y sin pintar: "Es más triste andar a pie".

Por supuesto que los problemas económicos también se resienten en los letreros de camión: "Ay Dios quítame de pobre que lo feo con dinero pasa".

frases tomadas de la defensa de camiones; citadas y comentadas por Edmundo González Llaca

* libertades

En México hay libertad de cultos, especialmente el culto al dinero, el culto a la violencia, el culto a la imbecilidad y el culto a la incultura.
Nikito Nipongo

* libreto

Lo que sucede en México parece un guion escrito por Isaías, Sófocles y Shakespeare y sin embargo interpretado por el Loco Valdés y Chespirito.

José Emilio Pacheco

* límite

"Estamos hasta la madre" –estar hasta la madre, contra la vulgaridad ideológica de ciertos feminismos, no significa humillar a la madre; significa en México, país, valga el neologismo, *materidolátrico*, haber sido tocado en lo más sagrado– (…)

Javier Sicilia

* limón

Por alguna razón, en México se le pone limón a todo; de hecho, hay gente que le pone limón al limón, para darle sabor. Lamentablemente, esta manía nacional es una de las formas de la Migra para descubrir indocumentados en Estados Unidos: cuando entran en un restaurante y ven que alguien le pone catsup a todo se sabe que de seguro se trata de un gringo; si le pone ajo es un español, pero si le echa limón, ese güey a fuerzas es un mexicano.

Antonio Garci

* llaga

México lindo y qué herido…

Coco Manto

* llamada

Vamos a misa en León, que están repicando en Lagos.

refrán del Bajío; citado por Francisco Hernández

* localización

La ciudad de México fue fundada hace siete siglos por una de las tribus más agresivas de que se tenga noticia, en el centro de un lago. El agua circundante servía de defensa en tiempo de guerra, de vía de comunicación en tiempo de paz, y de alimentación en cualquier tiempo. Si no hubiera habido lago, a nadie se le hubiera ocurrido fundar una ciudad aquí, y si no hubiera habido tribus hostiles alrededor, no hubiera tenido caso fundarla en el centro de un lago. Ahora bien, con el tiempo, el lago se secó y las tribus circundantes se mezclaron y perdieron su hostilidad. Lo único que quedó fue el lodo, el hundimiento y las tolvaneras. Así que, como primera conclusión podemos decir que la ciudad está aquí, porque aquí la pusieron, pero que con su presencia en este lugar no obedece a ninguna necesidad real.
Jorge Ibargüengoitia

* lucha

Todos los héroes nacionales, con la sola excepción de Benito Juárez, han muerto en batalla: desde Cuauhtémoc en 1521 hasta Lucio Cabañas en 1972.
Jorge G. Castañeda

* luminosidad

La luz de Oaxaca captura todos mis sentidos. No sólo es milagro visual, sino deslumbramiento interior. Siento una especie de cosquilleo que va de la piel al corazón. Es una luz nueva que inunda y embriaga.
Eulalio Ferrer

* luminoso

El medio influye considerablemente en la imaginación del poeta. Importa mucho el país en que uno nace y

crece. En México uno está en contacto con el sol, con la calidad de la luz.
Homero Aridjis

* madre

Un compositor podría escribir interesantes variaciones en todos los tonos mayores y menores sobre la palabra madre, cuyos significados (…) van de darse en la madre cuando se choca en automóvil, a madrearse a trompadas; de preguntar "cómo funciona esta madre" cuando no se atina a poner un aparato en marcha, a exclamar "¡esto ya valió madre!" si algo se echó a perder. Alguien que corre como loco por la carretera, "va hecho madres". Puede suceder que quien pelea salga madreado, inocente palabra que en el agro nombra la fila de arbolillos destinados a proteger los cacaoteros.

En libros, y sobre todo en la calle, se maneja un madral de albures. Todos tenemos algún amigo que resulta incómodo por desmadroso y un huérfano es alguien que perdió a su progenitora, aunque los haya que carecen de ella sin que la señora haya muerto. En otras latitudes se asimila desmadrado a desmejorado, y se considera voz más literaria que vulgar. (…)

Peor es que le partan a uno la madre, o como se dice hoy, le den "una linda madrina".

Fernando Díez de Urdanivia

* madrugador

El maestro José Sabré Marroquín, que tiene fino oído no sólo para la música, sino para atrapar ingeniosidades del habla coloquial, oyó esto: "No hace nada, pero desde muy temprano".

Edmundo Valadés

* maestría

Las casas, las mujeres, los hombres que pinta; los peces, los pájaros, los animales que imagina, si no existieron ayer, existirán mañana. [Francisco] Toledo le da a la

naturaleza obras que cumplir. (...) Colores nunca oídos;
ecos jamás vistos.
Andrés Henestrosa

* mago
En los partidos de mi infancia, el hecho fundamental
fue que los narró el gran cronista televisivo Ángel
Fernández, capaz de transformar un juego sin gloria en
la caída de Cartago.
Juan Villoro

* maíz
(...) Un homenaje más hacia el maíz, elemento básico de
la ahora gastronomía mexicana, no se hizo esperar. Ese
grano llamado por Fernando Benítez sacrosanto y
omnipotente era poderoso y ante él hamburguesas, *hot
dogs, sandwiches y fried chicken* no significaban nada. Por
eso se hizo un llamado que se señaló como "amoroso y
contundente" para regresar a las raíces y empezar a
descolonizarnos, para "descubrirnos a nosotros mismos
por medio del maíz". Este grano era, además,
combustible en el caso del olote, abono y fertilizante en
cuanto a sus hojas, tallo y raíz, e incluso medicina si se
usaba el cabello del elote en infusión. (...) Decisión final,
el maíz era el gran sustento cultural del pueblo
mexicano, alimento extraordinario, imagen de la
mexicanidad, adorno estético en la mesa y base de
muchos platillos nacidos de la imaginación tanto de las
amas de casa como de los cocineros de los restaurantes
que ahora lo presentaban a la "alta sociedad".
José Luis Martínez

* mamey
Oval y alargado como el mango, pero de corteza color

de barro seco. Una vez que lo abrimos en canal, nos enseña un interior de color rojo llameante. Como bajo su corteza la Tierra, tiene el mamey fuego bajo la suya. Y esta carne no rezuma líquido libre; y es apelmazada, para ser extraída con cuchara.

José Moreno Villa

* manera

Supe que había distintas culturas para acomodarse en un auto, cuando un tío mío me preguntó ¿nos vamos a la mexicana? Tenía un Chevrolet de asiento corrido y le parecía estupendo llevar cuatro sobrinos adelante y ninguno atrás. ¡Que otros pueblos se repartieran!, nosotros sabíamos que estar contentos era estar apretados.

Juan Villoro

* manifiesto

El manifiesto que los estridentistas firmaron el día primero de enero de 1923 (...) Lo que nos importa aquí, es el último párrafo del ya tan mencionado manifiesto: (...) Feliz año nuevo. ¡Viva el mole de guajolote!

Paco Ignacio Taibo I

* manual

[Para comer tacos] practica la escuadra, los 90 grados, levanta los dedos índice y anular y recomienda que cuando se es panzón -como él- para no chorrearse con la salsa, se deben comer los tacos en plato, entre la panza y el pecho para no manchar los zapatos. En fin, que cada uno puede escoger estilo o bien improvisar al devorar los de buche, nana o chivo enchilado.

Miguel Ángel Velázquez; citado por David Siller

* maravilla

Oaxaca es un antidepresivo que produce adicción. No conozco el mundo entero pero en el mundo entero que conozco, no he estado jamás en una ciudad en la que quepan tantos colores, tantas formas, tantos olores y sabores, tantos y tan libres modos de ser como en Oaxaca. Sospecho que su ubicación no es geográfica ni histórica sino mítica. Llegar a Oaxaca no es asunto de tiempo ni de aviones, supongo que requiere una disposición espiritual. En Oaxaca nada es como nuestro juicio dicta sino nuestra imaginación desea.

Germán Dehesa

* marcador

Leído en un periódico de San Luis Potosí: "Los diablos apalearon a los santos, marcador 7-2".

Joaquín Antonio Peñalosa

* mascotas

Al mexicano le gusta tener un perro en casa, la mascota más preciada; como que somos canófilos de abolengo, desde nuestros padres aztecas que cebaban para comérselos, a aquellos perrillos pelones y mudos llamados escuincles o escuintles. Desde los siglos virreinales, según narra fray Francisco de Ajofrín en su *Diario de viaje* que hizo a nuestra patria en 1763: "Se inclinan mucho a criar perros, y no hay jacal que no tenga tres o cuatro. Admirado de ver salir de un jacal, un atajo de perros, le pregunté al indio cuántos tenía y me respondió: No tengo más que doce".

Joaquín Antonio Peñalosa

* masificación

El Metro: el reino de la estética de la indiferencia. (...)

Si el usuario del Metro se aferra a su Identidad consagrada, tendrá que tomar taxi.
Carlos Monsiváis

* matices
Fuchi o fúchila. He aquí una interjección muy mexicana: ¡Fuchi". Antes, las señoras bien mexicanas la pronunciaban frunciendo un poco la nariz. "Ay, fuchi", decían muy quedito para sí cuando se dignaban acompañar a su cocinera al mercado.
Ahora las nietas de estas mujeres, que nunca pondrían un pie en el mercado, cuando quieren denotar asco, rechazo o repulsión, dicen: "¡Guácala!"
Guadalupe Loaeza

* matria
Porque la tierra paterna, que no la patria, es igual a todas y para todos. Es aquella a la que nos debemos, por haber prestado la porción de arcilla con que fuimos amasados. Más que la patria, es la matria. A su regazo queremos volver. Pudiera decirse que las cenizas de los antepasados nos llaman. ¿Por qué, si no por eso, el hombre que está próximo a morir quiere volver a su tierra?
Andrés Henestrosa

* matrimonio
(...) Porque los dos quieren el lado derecho y nadie quiere el lado izquierdo, porque así somos: ya peleando, peleamos por todo. Peleamos por la tortilla de arriba o la de en medio, peleamos por el bolillo más grande o más tostadito, peleamos por la taza más grande de café, o por el café más caliente o el más frío. Todo es bueno para pelear. Los casados que estén aquí presentes, no

me dejarán mentir. ¡Ah, cómo tienen olfato para hallar de qué pelear y todos los días!, por eso les digo que no me admiro de los que se divorcian, sino de los que no se divorcian. ¿Cómo le hacen?, ¡qué maravilla! Dios, verdaderamente que eres grande e infinito. ¡Cómo algunas parejas logran sobrevivir al matrimonio!
homilía del padre Xavier González T.

* medios
Para salir de la pobreza existen tres recursos: el deporte, el boxeo y el futbol *soccer*, y a partir de los años ochenta, el narcotráfico.
Carlos Monsiváis

* mendicidad
Recuerde usted la definición clásica: mendigo es el que pide; méndigo, el que no da.
Rosario Castellanos

* menospreciar
Nos cuestan mucho trabajo las reverencias, mostrar admiración. José Joaquín Fernández de Lizardi llama a ese sentimiento "cualquerear", es decir, que cualquiera es capaz de hacer tal o cual cosa, por lo que nadie merece reconocimiento. Es una variedad del ninguneo. El primero que usó el término "cualquereo" fue Fernández de Lizardi (...)
Andrés Henestrosa

* mensaje
Agosto 18 de 1987
Señor locutor:
Yo quisiera enviarle un recado a Celia Hernández que siempre escucha su estación, y decirle:

Celia, no sabes cómo extraño que me escribas, pero comprendo que no todo mundo tiene ánimo para escribir. ¿Quizá no te correspondí lo suficientemente bien?

Te ama Rodolfo Quiroz

Y una última petición señores de la radio. Ojalá y me puedan complacer con la canción "La farsante" de Juan Gabriel, dedicada a Celia Hernández.

Hasta luego. Se despide su amigo

Rodolfo Quiroz

carta enviada por radioescucha de las emisoras del Instituto Nacional Indigenista; citado en *Antena de recados*

* mentira

La mentira inunda la vida mexicana. Ficción en nuestra política electoral; engaño en nuestra economía, que sólo produce billetes de banco; mentira en los sistemas educativos; farsa en el movimiento obrero (que todavía no ha logrado vivir sin la ayuda del Estado); mentira otra vez en la política agraria; mentira en las relaciones amorosas; mentira en el pensamiento y en el arte; mentira por todas partes y en todas las almas. Mienten nuestros reaccionarios tanto como nuestros revolucionarios; somos gesto y apariencia y nada, ni siquiera en el arte, se enfrenta a la verdad.

Octavio Paz, 1943; citado por Guillermo Sheridan

* mercados

Porque México está en los mercados. No está en las guturales canciones de las películas, ni en la falsa charrería de bigote y pistola. México es una tierra de vasijas y cántaros y de frutas partidas bajo un enjambre de insectos. México es un campo infinito de magueyes de tinte azul acero y corona de espinas amarillas. Todo

esto lo dan los mercados más hermosos del mundo. La
fruta y la lana, el barro y los telares, muestran el poderío
asombroso de los dedos mexicanos fecundos y eternos.
Pablo Neruda

* merecido
Juan de la Cabada ha merecido con sobradas razones un
Doctorado Honoris Sauza.
Eliseo Alberto

* méritos
Sucede que hay por lo menos cinco significados
diferentes del término Revolución. Para unos es la
simple "bola" o la estruendosa "revolufia"; para otros el
puro "sufragio efectivo" y la sencilla "no reelección".
Unos terceros ponen el acento exclusivamente en la
reforma agraria y hay quienes la refieren sólo a las
grandes obras públicas, sin que falten los que consideran
a la Revolución una lucha contra los viejos ricos para
hacerse ellos mismos nuevos ricos. La Revolución, entre
tanto, contempla su camino poblado de exégetas, de
augures su futuro y de cronistas su pasado.
Gracias a la Revolución han surgido la profesión muy
lucrativa, de revolucionario y el oficio de "revoluciona-
riógrafo". Hay, como se sabe, revolucionarios que jamás
han combatido, pero muestran sobre la cabeza
sombreros texanos coronados de laureles y hay también
revolucionarios que sólo porque corrieron a caballo muy
lejos de las líneas de fuego, se sienten merecedores de
privilegios y miembros de una nobleza especial y
distinguida. Agraristas de casimir inglés e ingenieros
agrónomos especialistas en literatura francesa; filosofía
teutona o pintura italiana.
José Alvarado

* mestizaje

(...) Esa capacidad de mestizaje que está en el origen, cimiento, razón y fundamento de este país. Somos, porque y en cuanto somos mestizos. Mezcla de dos razas, de dos estéticas, de dos biologías, de dos religiones, de dos todo. Pronto aprendió México, tras el sofocón de la Conquista, que las novedades eran, gracias a los dioses, asimilables y que esa curiosa lengua de los teules la podía repetir, con nueva música, el hijo mestizo que aprendía hablar.

Salvador de Aguinaga

* mesura

Mis amigos preguntan por qué no escribo en vez de leer. He llegado a la conclusión de que existen demasiadas lecturas. Además, quiero aprender a escribir leyendo.

Juan Rulfo

* metafórico

(…) cuando los mexicanos decimos: *¡Qué vieja tan buena!* todos sabemos que no nos referimos a ningún atributo de bondad en esa mujer.

Antonio Garci

* metamorfosis

Cuando vivía el infeliz, que malo era. Ora que está en el velís, qué bueno era.

Chava Flores

* metrópolis

Todos vivimos ahora sí rete lejos porque esta incontrolada ciudad se nos ha derramado como la mancha de un tintero abierto que se volcó en el valle y que dejó salir, salir, salir, el imparable flujo de la vida en común. Tiene forma de mancha esta ciudad, toda ciudad.

Y vivas donde vivas, cada año siempre estarás más retirado de los demás. Se desparraman todos. Se te van a otra parte. Se te distancian y no los puedes tocar como otros años en que bastaba un breve viaje, diez o quince minutos en bicicleta o en autobús, para estar otra vez conviviendo con ellos. (...)

Gorda y gigante, la metrópoli tiene fajado un cinturón –cinturón de miseria- que se revienta a cada rato.

Vicente Leñero

* mexicanidad

Lo *mexicano* es más un estado de ánimo que una denominación de origen.

Juan Villoro

* México

País inconcluso, México, paciente y sereno, esconde sin embargo la rabia de una esperanza demasiadas veces frustrada. Éste es un país que ha esperado durante siglos, soñado, el tiempo de su historia. Su mueca y su sonrisa se han vuelto inseparables. México es tierna fortaleza, cruel compasión, amistad mortal, vida instantánea. Todos sus tiempos son uno, el pasado ahorita, y el futuro ahorita, el presente ahorita. (...) Nadie ha esperado tanto, nadie ha combatido tanto contra la fatalidad, la pasividad, la ignorancia que otros han invocado para condenarle, como este pueblo de sobrevivientes, pues hace tiempo debió haber muerto de las causas naturales de la injusticia, la mentira y el desprecio que sus opresores han acumulado sobre el cuerpo llagado de México. Tantos milenios de lucha y sufrimiento y rechazo de la opresión, tantos siglos de invencible derrota, México surgido una y otra vez de sus propias cenizas. ¿Hasta cuándo? ¿Cuál será el plazo de nuestra siguiente esperanza, cuál la intensidad de nuestro próximo deseo?

Carlos Fuentes

* mezcal

El mezcal contiene dos agentes activos. El primero es su vínculo químico con un poderoso modificador de conciencia. El segundo es el alcohol, la droga del ego. Y también de la melancolía disfrazada de su contrario, la exaltación. Casi todos los licores embriagan gradualmente, pero el mezcal actúa siempre de un momento a otro, sin advertirlo. A veces lo hace sin importar la cantidad. El mezcal tiene vida propia, o doble, si se acepta que está compuesto por una sustancia que transforma la percepción y que su vehículo es el alcohol. (...) Al decir de Malcolm Lowry:

(...) la amistad de dos personas de capacidad alcohólica similar, que tienen toda la intención de beber hasta el fin y se mantienen lúcidas, queda sellada por el alcohol mejor que con ninguna otra cosa. Esto sucede con las amistades al beber cerveza, pero es menos cierto tratándose de whisky de centeno. Pero en el mezcal está el principio de esa fuerza divina o demoníaca de México, que permanece hasta hoy sin aplacar. Bajo la influencia del mezcal, aquellos que en la vida normal son los mejores amigos, harán lo posible por asesinarse uno al otro; pero una amistad que, nacida del mezcal, lo sobrevive, sobrevivirá a cualquier cosa.

Fernando Solana

* mezcla

El hombre de Tabasco -dice Enrique González Pedrero- es la síntesis de los cuatro elementos. A veces,

sin embargo, alguno prevalece: si es la tierra, el arraigo domina el carácter y el tabasqueño no puede vivir sin la patria chica. Y aun cuando esté lejos sigue en Tabasco, pensando en la tierra, hablando, comiendo y viviendo como si no hubiera salido de ahí. El agua marca la transparencia de los hombres de este rumbo. Imposible el disimulo. Piensan claro, hablan claro. El agua le da al tabasqueño su franqueza, brusca en apariencia, afectuosa y auténtica en verdad. El fuego que tiene signo positivo si sirve para impulsar empresas, proyectos, obras de creación, aventuras del espíritu. Y que estorba si se vuelve estéril terquedad, apasionamiento irracional, intolerancia para las opiniones o las ideas de los demás. El aire es el signo del vuelo y rige (su) sensibilidad tan generosa en la expresión poética.
Enrique González Pedrero; citado por Isabel G. Chávez Zamora

* migrar
Los braceros no se van porque los llaman, sino porque los echan.
Nikito Nipongo

* milagro
Solamente el mexicano puede embarazar a una calaca, sacar vida de lo muerto.
Fernando Ortiz Quezada

* minería
¿Cantar "y retiemble en sus centros la tierra…" ya es aludir al fracking?
Coco Manto

* minoría
La nación son unos cuantos.
Carlos Monsiváis; citado por Jorge Mejía Prieto

* misterioso
¡Oh México enigmático de la pólvora y la rosa!
¡Qué pueblo es éste!
León Felipe

* modales
Una bonita fórmula protocolaria, podría ser:
–Te vas a la chingada y cuando estés allá avisas que
llegaste sin contratiempos.
Pedro Miguel

* modelos
Si Diego Rivera es clásico, es porque tuvo el genio
suficiente para descubrir en la cara de los indios, en su
silencio, en sus manos, una expresión universal válida.
Los pintores anteriores a Diego desdeñaban pintar a un
indio porque tenían la costumbre de pintar nada más
Venus de Milo; es decir, de aquello clásico habían hecho
academia maloliente.
José Revueltas

* moderación
Septiembre 5 de 1988
Yo opino y aviso que toda la gente de esta tierra debe
dejar de bailar tanto, y de gozarla tanto, porque yo estoy
viendo nomás cómo se les quema la milpa y se les seca
la tierra, y pierden su cosecha, y se les agusana el maíz,
y les comen todo los pájaros y las otras gentes. Y yo
opino que así el sol ya namás va a quemar, y no va a

llover. Y la gente baila y baila, y que ya le paren, ¿no?
Remigio Torres Ayala
carta enviada por radioescucha de las emisoras del
Instituto Nacional Indigenista; citado en *Antena de recados*

* modificaciones
Hay dichos populares que alguien -siempre anónimo-
alteró en perjuicio de la intención primera, pero en favor
notorio de la risa.
Aquí va esta breve lista:
La suerte de la fea a la bonita le vale madres.
Es más caro el caldo si lleva albóndigas.
Barriga llena, corazón... ¿que hicimos? (…)
La excepción de la regla dura nueve meses.
Cae más pronto un hablador si es cojo.
Más vale prevenir que bautizar. (…)
Cría cuervos y tendrás un chingo.
Camarón que se duerme amanece de coctel. (…)
Fernando Díez de Urdanivia

* modos
Aquí ando *peliando* pero nomás para convivir.
dicho popular

* Monsiváis
Aunque se definía como "un lugar común de la
Portales", la gente lo consultaba con un respeto digno
del oráculo de Delfos ("o de un cajero automático",
diría él). No trataba de convencer con extensos
argumentos; dictaba sentencia rápida e incontrovertible,
al modo de un juez que sí legisla. El mayor texto de
jurisprudencia que conocía era la Biblia.
(…) los sucesos no se resignan a su ausencia. En cierta
forma, la realidad ocurre en vano.

Llevamos doce meses sin Carlos Monsiváis.
Juan Villoro, junio 2011

* mosaico
Lo indio es una pluralidad de culturas y sociedades, y lo mismo ocurre con lo español, que es romano y visigodo, judío y moro.
Octavio Paz

* motivo
La cruda es una de las causas principales de la devoción por San Lunes.
Francisco Padrón

* muchos
México no es un país, sino múltiples.
Santiago Ramírez

* muerte
Para el habitante de Nueva York, París o Londres, la muerte es la palabra que jamás se pronuncia porque quema los labios. El mexicano, en cambio, la frecuenta, la burla, la acaricia, duerme con ella, la festeja, es uno de sus juguetes favoritos y su amor más permanente.
Cierto, en su actitud hay quizá tanto miedo como en la de los otros; mas al menos no se esconde ni la esconde; la contempla cara a cara con impaciencia, desdén o ironía: "si me han de matar mañana, que me maten de una vez" (…) El mexicano no solo postula la intrascendencia del morir, sino la del vivir.
Nuestras canciones, refranes, fiestas y reflexiones populares manifiestan de una manera inequívoca que la muerte no nos asusta porque "la vida nos ha curado de espantos".
Octavio Paz

* multidedazo

No tengo ninguna definición política, no he votado nunca, no estoy registrado, no tengo mi credencial de elector y creo que nunca voy a votar. No creo mucho en este sistema, no sé, yo me quedé en que hay que tocar las campanas y que se reúnan todos y digan: "éste va a ser". (...)

Propongo el dedazo, pero el multidedazo, como se hace en las asambleas comunitarias; entonces, cuando sea la sociedad misma la que directamente elija y escoja a sus políticos y representantes, entonces yo estaré ahí.

Francisco Toledo

* multifacética

Uso de la palabra *madre*:

alegría.. ......A toda madre

ubicación geográfica ....¿Dónde está esa madre?

adjetivo calificativo............... ....Qué poca madre!

escepticismo .... ¡No te creo ni madres!

venganza .... ¡Vamos a darle en la madre!

accidente ....,¡Se dio en la madre!

efecto visual .... ¡No se ve ni madres!

especulación ....¿Qué madres es eso?

expresión de alegría ....¡Está de poca madre!

sorpresa .... ¡Madreeessssss!

exceso de velocidad .... ¡Va hecho la madre!

sentido del gusto .... ¡Esto sabe a madres!

acción violenta .... ¡Le rompiste todita su madre!

desorden .... ¡Qué desmadre te traes!

despectivo ....¡Vales pa'pura madre!

juramento .... ¡Por mi madre!

mecánica ....¿Y esta madre cómo funciona?

fracaso .... ¡Ya valió madres!

reclamo .... ¡Qué poca madre tienes!

negativa rotunda ……….................…….. ¡Ni madres!
atrapado en la movida …..................….. ¡En la madre!
enojo …………………......………. ¡Chingada madre!
autor desconocido

* muralismo
A Gerardo Murillo, Dr. Atl, se le atribuye la iniciativa que eventualmente daría lugar al muralismo mexicano de la posrevolución, al solicitar, junto con Clausell, las paredes de los edificios públicos con el fin de que los artistas mexicanos mostraran ahí sus ideas y propuestas estéticas.
Ricardo Pérez Montfort

* musa
Mezcle usted, dentro de la coctelera de un hábito de monja jerónima, estos ingredientes: la inspiración de Pita Amor (pongamos por poetisa), el prestigio intelectual de Amalia Castillo Ledón, la erudición de María del Carmen Millán y la cara linda de María Félix. Agítelos sobre hielo picado; sírvalos en copa champañera; bébalo. Y tendrá una aproximación a la embriaguez, a la admiración (y a la ignorancia intrínseca) con que en su época, los contemporáneos de Sor Juana Inés de la Cruz paladeaban en ella todas estas, y otras más, cualidades reunidas en una sola, deslumbrante, persona.
Salvador Novo

* música
En lo hondo de la tiniebla mexicana hay siempre una canción.
Mauricio Magdaleno; citado por Eulalio Ferrer

* necesaria
La crítica es una parte de la cultura y su ausencia sigue siendo el talón de Aquiles de la cultura mexicana.
Fernando Benítez

* negación
Uno de los remedios favoritos de la patria consiste en considerar que los problemas se alivian si pensamos que no existen.
Juan Villoro

* negocio
Los chiles constituyen un excelente aperitivo. No debemos acreditar a la generosidad de los *barman* o de los capitanes restoranteros la botana picante por cuenta de la casa. Ellos saben que no es un gasto, sino una inversión.
José N. Iturriaga

* neologismo
Ningunear es hacer *ninguno* a alguien. La expresividad del vocablo es innegable; es enorme la cantidad de matices semánticos que pueden observarse en los variadísimos contextos y situaciones en que aparece; su frecuencia de uso entre los hablantes mexicanos es muy alta y pertenece a todos los niveles sociales. He aquí un ejemplo (entre muchos otros) de un neologismo o, si se quiere, de un dialectalismo feliz. El español mexicano, los hablantes mexicanos, generan a cada paso, con sorprendente naturalidad, vocablos destinados a permanecer. Muchos neologismos, hay que reconocerlo, resultan no sólo innecesarios sino vulgares y estúpidos; no deben preocuparnos mucho, pues están condenados a

desaparecer. Los neologismos que se quedan son los que, como *ningunear*, son resultado de la inteligencia y de la sensibilidad de los hablantes, y no necesariamente de los más cultos, ya que con frecuencia es el pueblo el mejor inventor de palabras. Ése es el caso, creo yo, de *ningunear*.
José G. Moreno de Alba

* niveles
Por un inexcusable populismo de la naturaleza, casi todo mundo puede procrear escuincles y chilpayates; pero hijos de familia, sólo los padres de primera.
José Joaquín Blanco

* noción
Carnaval Guadalajara, más triste que Semana Santa.
El Telegrama, Guadalajara, 1888

* nombres
La sucesión de crisis no ha quebrantado el sentido del humor ni el excelente olfato crítico del mexicano. (…) Dígalo, si no, el nombre con que registra las diversas profesiones y oficios. No deja títere con cabeza.
Botones es el maletero de los hoteles; tal vez porque algunos gerentes los uniformaban prendiendo al pecho una botonadura de vistosos plásticos; ay, las únicas condecoraciones que luciría en su borrosa vida. (…)
Cerillo, el niño-fósforo, desprotegido laboralmente, empaqueta la mercancía que los clientes adquieren en algunos almacenes. Chícharo es el niño-guisante que, en las peluquerías, barre bucles, limpia espejos, cepilla solapas, abrillanta zapatos, todo sea por una (im)probable propina.
Chafirete es el audaz y temerario chofer que conduce,

cual alma que lleva el diablo, el artrítico y humoso autobús urbano o foráneo, de acuerdo al lema: "Primero muerto que cadáver". Leguleyo, perdone usted, señor jurisconsulto. Matasanos, nuevamente excusas, señor doctor, por quien vivimos y bajamos de peso. Machetero es quien carga y descarga mercancías al borde de vehículos; dícese también de alumnos muy estudiosos, pero muy torpes. Doble calamidad.

Ah, al jurisconsulto mediocre, porque de todo hay, se le llamó tinterillo; de tan torpe y sedentario, quedaba cosificado, metamorfosiado en una tinta negra y espesa.

Máistro –con acento en la a-, es por excelencia el Máistro Albañil que trabaja en "la obra" y que, por méritos y experiencias, logró este ascenso y posgrado; mientras que el peón, su aún verde ayudante, no pasa de matacuás. Al albañil de hoy, que en los siglos novohispanos se llamó alarife, se le conoce también con el título de macuarro. (…) Materialista dícese de quien se gana la vida transportando en un camión semidestartalado y en fase terminal, diversos materiales de construcción, cal, fierro, arena y similares. (…) Tundemáquinas alude al noble oficio de periodistas y reporteros que, con habilidad mental y manual, teclean y escriben en un santiamén y a la medianoche, las sabrosas crónicas, galanos reportajes y espectaculares noticias con que medio mundo nos desayunamos el imprescindible y saludable desayuno de papel.

Joaquín Antonio Peñalosa

* normatividad

La ley no puede prohibir que haya locos, ni declarar obligatoria la virtud, ni prevenir todos los crímenes, porque para ello sería necesario declarar vigente a perpetuidad el decreto de Herodes, degollar a todos los recién nacidos y fusilar por precaución a todos los adultos, no dejando en cada ciudad más que a los siete justos que no hubo en Babilonia.

Si la religión, que cuenta con una cárcel mucho más fea que la de Belem, aunque esto parezca paradójico, con una cárcel mejor guardada, porque de ella nadie se ha salido, con el infierno eterno y con la escuela correccional del purgatorio; si la religión católica, repito, no ha podido acabar con el crimen, ¿qué hemos de hacer nosotros, sin más diablos que los gendarmes?

Pero la ley, en cambio, dentro de su modesta esfera humana, puede hacer algo para prevenir los delitos. El castigarlos con rigor está muy bien; pero no basta.

Manuel Gutiérrez Nájera, 1893

* nos-otros

Para que pueda ser he de ser otro,
salir de mí, buscarme entre los otros,
los otros que no son si yo no existo,
los otros que me dan plena existencia.

Octavio Paz

* nostalgia

Felices tiempos escolares en que uno le pedía este permiso a la maestra: "¿Me deja ir a hacer de las aguas?"

Edmundo Valadés

* noticia

Les tengo una excelente noticia: ya llegué.

Mauricio Garcés

* numeralia

Cada 400 metros hay una taquería en México. En el país, según el INEGI, hay 115 mil.

nota de prensa, 2019

* números

(…) ¿para qué demonios hay tantos diputados y senadores y asambleístas, si la abrumadora mayoría va a hacer únicamente lo que les ordena su líder o su coordinador? Los 500 diputados de la Cámara no hacen nada que no podrían hacer 50, si no es que cinco. ¿Qué necesidad hay entonces de que sean 500? La misma necesidad que hay, digamos, de que no sean cinco mil: es decir, ninguna.

¡Cientos de diputados y senadores y asambleístas que cuestan miles y miles de millones de pesos (en salarios, viajes, seguros, empleados, bienes raíces, secretarias, burocracia, choferes, peluqueros, boleros, amantes y langostas) para algo que podría hacer la décima parte con exactamente la misma (digámosle) eficiencia!

Guillermo Sheridan

* nunca

(…) porque como decía Benito Juárez, contra la patria nunca tendremos razón.

Andrés Henestrosa

* ñáñaras
Sensación en el estómago cuando se tiene miedo, ansiedad o tensión nerviosa.
Academia Mexicana de la Lengua

* ñeros
Cuando llegó el momento de que el espíritu hablara por la raza se oyó que decía: "Quihobas, ñeros, ¿qué patín se train?"
Nikito Nipongo

* objeción

Somos gente de ideas fijas. Nos gusta pensar y presumir que somos alegres, que somos amables con los extranjeros, que somos ocurrentes, dicharacheros, listos, que tenemos sentido del humor y que cuando hace falta nos apoyamos. Para descartar cada una de estas falsas aseveraciones únicamente hace falta viajar en metrobús. Un viaje o dos bastan para perder la identidad basada en estas ficciones.

Jorge Téllez

* obsequio

Es un orgullo ser mexicano, pero es un regalo de Dios ser de Tepito.

autor desconocido

* obsesiones

El pueblo mexicano tiene dos obsesiones: su gusto por la muerte y su amor por las flores.

Carlos Pellicer

* ocasión

(...) en México hay tan poca gente que se atreva a opinar, que cualquiera con atrevimiento suficiente puede convertirse en un gran opinador, sin excluir materias de su más completa ignorancia.

Gabriel Zaid

* ocupadísimos

En su edición del 17 de mayo de 1903, *El Progresista* (Ensenada, Baja California) publicó un editorial titulado "La idea democrática", que si bien mostraba las bondades del sufragio libre, su conclusión era contundente: "Nuestro pueblo tiene ahora demasiadas preocupaciones que

atender, para crearse voluntariamente una nueva, y como su desorganización y sus preocupaciones se los prohíben, el anhelo político es, sino completamente sin importancia, sí forzosamente secundario. Cuando las preocupaciones nacionales no sean causadas por problemas de tanta importancia como los que ahora tienen fija la atención nacional, sea bienvenida la idea democrática. Ahora precisa disciplinarlo, vestirlo y alimentarlo". De esa forma, la vida democrática fue dejada para un *mañana* que consumió todo el siglo XX.
Alejandro Rosas

* oferta
¿Qué le damos, reina, aparte de lástima?
voces del tianguis

* oficios
Escritor, ese es mi oficio, como cualquier otro; como el carpintero que crea muebles, como el panadero que hace los panes, yo hago cuentos y novelas.
Eraclio Zepeda

* ofrecidos
(…) toda esa fauna de nuestros falsos amigos y simpatizantes, listos a dar su firma por nuestra libertad, en el mejor de los casos, pero nunca a dar su vida por la libertad del país. Es decir, *listos* nada más.
José Revueltas

* oftalmológico
(…) en México editar un libro cuesta un ojo y venderlo el otro.
Ángel María Garibay; citado por Antonio Acevedo Escobedo

* olvidados

Los que vivimos en esta Ciudad de México –yo siempre he vivido en ella, o mejor, ella siempre ha vivido en mí-, ya no vemos, casi nunca, a nuestros volcanes, y nos olvidamos que están allí. Sólo cuando el Popocatépetl hace escuchar sus bramidos o lanza a las alturas sus densas columnas de humo negro, sólo cuando escupe piedras y arena, sólo cuando amenaza con regurgitar fuego y hacer temblar la tierra hasta sus cimientos, es cuando nos acordamos de su existencia y volvemos a respetarlo y a temerlo. Al Iztaccíhuatl lo tenemos aún más olvidado: es una mujer, y está dormida.

Fernando del Paso

* opción

En decenas de ocasiones declaré: "O soy pintor muralista o no soy pintor". El cuadro de caballete me repugna, me parece odioso; delante de él siento su destino inevitable: la sala del rico, con sus "cheslongues", sus cortinajes, sus perros, sus gatos, sus rinconeras, su peste a nalgas de largas horas de reunioncitas jaiboleras y en el mejor de los casos, siento lástima por aquel final en que van a vivir mis pobres pinturas transportables. Para mí, y lo he dicho y escrito miles de veces, el cuadro, cuando mucho, es un apunte, una nota, un recordatorio, pero nada más. Es algo no integrado que sólo puede tener valor ya transcrito al muro. Eso sería una contradicción orgánica, monstruosa. Lo monumental es lo grande, lo amplio, lo ancho, lo alto, lo hondo, lo que ocupe millares de metros cúbicos de espacio, o bien, que se proyecta desde fuera hacia el infinito. Un arte grande, difícil, en el que han tenido que intervenir muchas soluciones científicas, ligado a la materia de la edificación, a la mecánica, a la iluminación, a la acústica, y, lo más importante de todo, para servir

funcionalmente a colectividades, al hombre, y no a la
simple apropiación individual de algún furtivo exquisito.
David Alfaro Siqueiros

* opuestos
[Ramón López Velarde] desde sus primeros escritos
idealiza a fondo la ciudad natal, su recinto de la
transparencia.
Otros, convencidos de la tesis opuesta ("pueblo chico,
infierno grande") insisten en lo represivo de los sitios
"levíticos". Así, un epigramista anónimo de 1915:
Esas gentes de Jerez,
miel y veneno a la vez,
todos son nobles sin título,
todos ricos sin haber,
todititos son parientes
y nadie se puede ver.
Carlos Monsiváis

* orden
Arriba, en el presidium (...) [los funcionarios] se
distribuyeron conforme a su rango y su cercanía con el
poder, igualito que los santos de la iglesia de San Juan
Chamula, a quienes la gente aproxima o aleja del altar
según los milagros que hayan hecho o dejado de hacer.
Jaime Avilés

* orgullo
De mejores fiestas nos han corrido.
Germán Valdés, *Tin Tan*

* orgulloso
Crudos, con un terrible dolor de cabeza, bajo el sol
culero de un Morelia en verano, la doctora Varela y yo

fuimos a una farmacia a comprar aspirinas. A la entrada, la música a todo volumen. Un doctor Simi bailaba. Al salir nos topamos con un espectáculo bastante peculiar: un niño de unos cuatro años, sentado en una jardinera, que aplaudía eufórico al ritmo del baile del doctor Simi. Cuando acabó la canción, la botarga se acercó al chiquillo, quien dio un brinco, emocionado:

"-¡Qué bonito bailas, papá!" –le dijo.

Alejandro Páez, citado por Marcial Fernández

* origen

En el pasado más remoto, inmersos en la nebulosa oscura de la historia, se tejieron muchos de los mitos que aún permean las prácticas fúnebres y el lenguaje mortuorio de los mexicanos. Uno de ellos, el de la Creación de los hombres, asegura que Quetzalcóatl (traducido por los españoles como "serpiente emplumada"), descendió al mundo de los muertos -Mictlan- para recoger los huesos de los antepasados humanos, y vertió sobre ellos su sangre para animarlos de nuevo y darles vida. El mensaje mítico es muy claro: la vida no se encamina hacia la muerte, sino que procede de ella. Primero es la muerte, luego la vida, nunca al revés. Carlos Fuentes, en una de sus reflexiones temáticas, lo explicaría en esta síntesis: "La muerte es el origen. Descendemos de la muerte, somos hijos de la muerte, sin la muerte que nos precede, no estaríamos aquí". Esta original cosmovisión del mundo ha dado lugar en México a una forma singular de la comunicación de la muerte, que se ha manifestado en los diferentes ritos y fiestas dedicados al fin de la existencia. Entre los investigadores extranjeros atraídos por el tema y entregados a él, Paul Westheim concluyó que para los mexicanos un fenómeno como la muerte no es

imaginable ni creíble, porque si conciben la vida como una unidad indestructible, la muerte como tal no tiene cabida.
Eulalio Ferrer

* originarios
Indígenas. Dueños del país, a quienes la civilización volvió inquilinos.
Rius

* oscilaciones
(…) sistema "pendular" -descubierto por los politólogos mexicanos y estadounidenses desde mediados de los años cincuenta y según el cual, aun bajo el mandato priista, México siempre había sido gobernado de manera sucesiva por presidentes del PRI de la derecha y de la izquierda, lo cual generaba algún tipo de equilibrio y movilidad. Nadie se sentía del todo excluido y nadie tenía el poder asegurado.
Jorge G. Castañeda

* palabras
¿Cuál es la palabra que más se escucha en el mundo, en casi todas las lenguas? La palabra *yo*. Yo, yo, yo. Sin embargo, un estudioso de las lenguas indígenas, Carlos Lenkersdorf, ha revelado que la palabra más usada por las comunidades mayas, la que está en el centro de sus decires y vivires, es la palabra *nosotros*.
Eduardo Galeano

* paradoja
El Día de Difuntos es uno de los que da más que hacer a los vivos.
Guillermo Prieto

* paralelismo
El agave (…) vive de la supervivencia, del silencio, del sol, de la adversidad, tiene que ver con la esencia de México, con la esencia del México profundo.
Natalia Gil Torner; citado por Analía Ferreyra

* parecido
Recuerda el pintor Feliciano Béjar que hace incontables años, en pueblos de Michoacán como Jiquilpan, recién llegadas, a las sinfonolas les decían madrolas.
Edmundo Valadés

* paréntesis
Vete a la chingada (y no es recomendación turística).
autor desconocido

* parroquianos
Las verdaderas cantinas se arraigan en lugares céntricos y tradicionales: se diría que una cantina nueva es el

negocio más difícil de establecer y prestigiar, es como una iglesia -o ya existía con la fuerza de su antigüedad, o se queda en tendajón transitorio-.
José Joaquín Blanco

* parto

(...) Cuento esto para que se vea qué diferentes eran las cosas en mi niñez. Ahora las familias mexicanas, los padres, los hijos, la abuelita y las criadas, están siendo cordialmente invitados para presenciar, todos juntos, un parto, milagro de la Naturaleza y espectáculo para grandes y chicos.
Si a espectáculos vamos prefiero ver la erupción del Vesubio o la Carga de la Brigada Ligera. En cuanto al valor instructivo del parto, es muy limitado; después de todo para eso les pagan a los parteros, ¿o no?
Jorge Ibargüengoitia

* pasado

La historia de la conquista está hecha de numerosas felonías que, forzosamente, debieron influir sobre la contextura psicológica de nuestros pueblos, creándoles todo eso triste, resentido, lleno de desconfianza y prevención que tienen.
José Revueltas

* pasión

A Diego quería yo darle mi vida. Amarlo hasta morir. Mi vida para que él viviera. A Diego lo quiero más que a mi vida.
Frida Kahlo; citado por Elena Poniatowska

* patrono

[Jorge Ibargüengoitia] debiera ser nombrado el santo de

los columnistas, alguien a quien deberían encomendarse todos los que quieren hacer de ese espacio un lugar de mirada obligatoria para el lector que no busca noticias sino puntos de vista, que además estén condimentados con sentido del humor y con una buena interpretación de lo que ocurre.

Juan Cruz Ruiz

* peculiaridades

Extrañas enfermedades que sufren los mexicanos:

Supiritaco. (…) Del verbo supiritar. Reacción causada por la falta de respeto continua a un adulto en edad senil; padecimiento médico de presión elevada a causa de una noticia alarmante o una condición física deplorable (…)

Putazo. Encuentro de gran intensidad entre una parte del cuerpo y un objeto inmóvil; probablemente causado por incompetencia, estado de ebriedad, distracción o un caso severo de la enfermedad mejor conocida como pendejez.

Tramafat. Hipérbole usada para ejemplificar el sentimiento de sufrir un ataque cardíaco. Primo hermano del soponcio y el telele, que amenaza con tener terribles consecuencias para el que lo padece. (…)

Agüitarse. Padecimiento emocionalmente adverso ante una mala noticia. Estado esporádico de depresión comúnmente visto ante condiciones deplorables de trabajo o relaciones sentimentales inestables.

texto difundido en las redes, atribuido a Karla Agis

* pedagogía

El educador debe procurar que sus afirmaciones no sean admitidas por los niños como verdades evidentes. Estos deben discutirlas, comprobarlas, transformarlas. Maestros hay que viven encantados porque sus alumnos les roban sus opiniones, sus frases y aun sus gestos. (…)

No enseñar cosas que "caen perpendicularmente sobre el espíritu, porque allí no vuelve a crecer la hierba de las opiniones personales". (…) Por eso prosperan en la vida los muchachos rebeldes, los que objetan, dudan, piden pruebas. Esos, negando a sus maestros, encuentran su propia personalidad.
Ignacio Ramírez, 1940

* pedido
Me da una quesadilla de flor de calabaza sin queso, por favor.
escuchado con frecuencia en negocios del ramo

* pelaje
Obregón permitía que le hicieran la barba, pero no que le tomaran el pelo.
Armando de María y Campos

* peligroso
El toloache (*datura stramonium*), también conocido como Burundanga, como pócima del amor, como el elíxir de los feos, es una planta de origen africano, cuyo nombre significa brebaje. Contiene una sustancia activa depresora del sistema nervioso que roba voluntad a la persona que la ingiere.

En dosis correctas, el toloache puede tener efectos positivos, ya sea como analgésico o como tranquilizante, pero en dosis incorrectas, es decir, mal utilizado, el toloache puede tener gravísimas consecuencias: taquicardia, daño en el funcionamiento del cerebro, psicosis e incluso puede causar la muerte.

Abigail Aguilar, etnobotánica, señaló que el entoloachamiento, cuyo objetivo es recuperar el afecto de la persona amada, forma parte de una tradición herbolaria vigente que "puede causar mucho daño a la salud de quienes la consumen, pues la mayoría de las personas desconoce su alta toxicidad, sin que exista ningún efecto sobre los sentimientos amorosos del individuo".

Durante la Colonia, el toloache incluso fue utilizado como método de tortura por la Santa Inquisición. En la actualidad, su consumo y venta se encuentran prohibidos terminantemente pues, como hemos visto, implica diversos riesgos. Aún así, el toloache se sigue utilizado, tanto por personas despechadas como por criminales, quienes gracias a éste logran su terrible cometido: atontar a su víctima, quien pierde la voluntad y se vuelve una presa más fácil.

Marcelo Yarza

* pendiente

No acierto a comprender cómo se puede plantear un movimiento popular independiente que sea revolucionario y no sea violento. ¿Cuándo nos vamos a curar del lenguaje eclesiopolítico de la "revolución institucional"?

Gabriel Zaid; citado por Jorge Mejía Prieto

* penetración

Hasta los más apartados rincones de México han acudido el PRI, la Coca-Cola, y la noción del complejo de Edipo.

Carlos Monsiváis

* perdido

Pulque bendito, dulce tormento.
¿Qué haces afuera?
¡Vamos pa'dentro!

dicho popular

* pereza
De cualquier burócrata: "Hay años en que se levanta
uno sin ganas de trabajar".
Edmundo Valadés

* periodísmo
(…) el periódico El Zurriago, tenía por lema: "El peine
que más raspa es el mejor para quitar la caspa".
Edmundo Valadés

* periodo
No hay sexenio que dure cien años ni pueblo que lo
resista.
Nikito Nipongo

* perplejidad
Que ningún ciudadano se imponga y perpetúe en el
ejercicio del poder.
Porfirio Díaz; citado por Jorge Mejía Prieto

* persistentes
[Francisco Javier Gamboa] registra mexicanismos de
hace doscientos cincuenta años, por ejemplo: *malacate*,
mecate y *pepena*.
Gabriel Zaid

* persuasión
Si tu perro hace, tú no te hagas.
letrero de autor desconocido

* pesimismo
No veo las alamedas por donde ha de pasar el hombre
nuevo. Vamos a seguir pariendo chayotes.
Francisco Hernández

* petate

En lengua indígena mexicana, *pétatl* quiere decir estera. Tomó en español la acepción de *bulto envuelto en esteras* y finalmente de *equipaje reducido*. De allí vienen frases como "hacer los petates" para indicar que uno se va.
Héctor Zimmerman

* petición

Sé que, no sin cierto desamparo y crispación, te dispones a vivir otra semana del loco tiempo que México y el mundo nos ha deparado. Te pido que aceptes el riesgo, el reto y la aventura de salir a vivir y no a durar, cosa que sólo es buena para los enseres domésticos y para los líderes obreros. Lo nuestro es vivir.

(…) te pido que salgas bien arropado, porque el tiempo está muy cambiante y no me parecería nada bien que se te resfriara el alma. Llévate todos tus útiles y trata de deshacerte de todos los inútiles.
Germán Dehesa

* picosos

Ningún rincón del día es ajeno a las posibilidades del picante, de los huevos rancheros en el desayuno a los postres rociados de polvillo rojo en la cena, pasando por los cacahuates enchilados en el aperitivo del mediodía. Este integrismo sólo se puede inculcar en la infancia, a través de golosinas agripicosas. La imaginación popular ha llevado a creaciones tan sublimes como el Pelón Pelo Rico, muñeco al que se le presiona un conducto para que le crezca una melena de tamarindo con chile. Esta pedagogía del ardor avanza hasta la graduación en la que el discípulo ya no sabe si le gusta lo que le pica o le pica lo que le gusta. (...)

En la cultura del picante, el placer y el castigo son

términos equivalentes: "¡Está sabrosísimo!", dice el doliente a quien el chile le saca lagrimones. No es casual que un país donde el triunfo se parece tanto a la derrota haya encontrado una paradójica forma de disfrutar mientras sufre. Estamos, a fin de cuentas, en la nación donde los mariachis interrumpen sus canciones cuando llega el vendedor de toques eléctricos y los contertulios se toman de las manos para compartir descargas. La dicha mexicana será dramática o no será.

Juan Villoro

* planificación

Ya lo decía mi tía la Bigos: primero el retozo y luego el mocoso.

Germán Dehesa

* platónico

Yo, a fulanita, le tengo un amor platónico. (...) Sí, porque me la quiero echar al plato...

Pancho Liguori; citado por Felipe San José

* plural

Puede haber sido descuido de pensadores tan respetables como Samuel Ramos (...) y Octavio Paz hablar "del mexicano", cuando en rigor debieron hacerlo de "los mexicanos", conjunto de habitantes que tienen quizá más divergencias que características comunes, y exhiben matices lingüísticos que si no estorban su comunicación, por lo menos la complican. La división que el doctor Ramos hace del mexicano entre "pelado", "de la ciudad" y "burgués", se presta a preguntarle burgués de cuál colonia, mexicano de qué ciudad, pelado en qué peluquería.

Fernando Díez de Urdanivia

* pobreza
Según encuestas de la Academia Mexicana de la Lengua, referidas por Ernesto de la Peña, nuestros jóvenes utilizan para comunicarse poco más de 200 palabras y si pensamos que Cervantes utilizó para escribir Don Quijote de la Mancha 22 mil 939, el panorama es desolador.
Javier Aranda Luna

* poesía
Lo que menos se lee en México, como en cualquier país del globo, es la poesía, manjar de dioses no fácilmente digerible por mortales, quizá porque éstos piensen que la poesía es ininteligible, aburrida y cara. Lo grave del asunto es que a veces le atinen. Algunos señores y señoras hacen versos sin necesidad de ser poetas.
Joaquín Antonio Peñalosa

* polarización
En México, educativamente, algunos segmentos sociales viven en Eaton College y otros en Bangladesh. (…) Lo grave es comprobar que las desigualdades del desarrollo educativo no sólo no se han corregido sino que se han agravado a lo largo de los años. (…) superar -hasta niveles razonablemente aceptables- las enormes desigualdades educativas de los estados tomará, por lo bajo, dos o tres sexenios. Hay pecados, dicen, que alcanzan hasta la tercera generación.
Pablo Latapí, 1998

* polémico
Basta preguntar quiénes eran los Hidalgos y Morelos, para saber a qué clase pertenecían los que han puesto las

primeras piedras del edificio en que vivimos. El clero mexicano en general, no será nunca partidario del opresor de su patria. (...)
L., Claudio Linatti, *El Iris*, 14 de junio de 1826

* policletos
México cuenta desde hace un tiempo con unos policías que patrullan las calles de determinadas ciudades cabalgando a lomos de una bicicleta. Son la policía montada, pero no necesitan espuelas sino buenos músculos para pedalear todo el día.
El invento no ha llegado de Estados Unidos, y se ha recibido como una creación muy particular, autóctona, hispana en definitiva. Si hubiera llegado de Estados Unidos, ya se les estaría llamando *bike police*, pero los mexicanos han dado en la flor de denominar a estos agentes "los policletos" (...)
El mismo pueblo que inventó el verbo *ningunear*, que llama *rastrillo* a la maquinilla de afeitar y que en lugar de *novio* o *novia* dice "mi pioresnada" tenía que encontrar una palabra así, formada con los propios genes de nuestra lengua y con sal fina para darle gusto. Tal vez por eso a todos nos caen simpáticos los policletos.
Álex Grijelmo

* polisémica
Titipuchal es palabra que procede del náhuatl "tliltic" y "potzalli". Significa "montón de tierra negra".
autor desconocido

* ponderación
Tu papá es a toda madre.
autor desconocido

* porción
Tratándose de dientes o de funcionarios, siempre muerden más los de arriba que los de abajo.
Nikito Nipongo

* posibilidades
Pue' que sí... Pue' que no... Lo más seguro es que quién sabe...
dicho popular

* posible
Se puede ser chingón y sin chingar a nadie.
Alejandro Fuentes

* precavido
Nunca nos derrotó la derrota, ¡que no nos derrote la victoria!
Luis H. Álvarez

* precisión
Tenemos pueblo, nos faltan ciudadanos.
Manuel Gómez Morín

* predestinación
Yo nací con la luna de plata, y nací con alma de pirata –como dice mi canción-.
Agustín Lara

* predilección
En Chapultepec. A la multitud le encanta la multitud.
Luis Ignacio Helguera

* preguntitas
¿En dónde está el camino para bajar al Reino de los

Muertos, a dónde están los que ya no tienen cuerpo?
¿Hay vida aún allá en esa región en que de algún modo
se existe? ¿Tienen aún conciencia nuestros corazones?
poesía náhuatl

* premio
[Carlos Monsiváis] solía decir que el único
reconocimiento que le interesaba era el doctorado
"honoris causas perdidas".
Juan Villoro

* prescindible
No hay que saber música para disfrutarla. Yo no sé
hacer un chile en nogada o una sopa de flor de calabaza
pero sí sé cuando está muy buena y la disfruto mucho.
Rodolfo "Popo" Sánchez

* presencia
(…) el antiguo refrán que dice "el hábito no hace al
monje", no es más que una invención piadosa, debida,
probablemente, al superior de los benedictinos, porque el
hábito, siento decirlo, es lo único que hace al monje.
La prueba es que si se pone uno alpargatas y sale a la calle
con ellas, las criadas le fajan, no consigue uno trabajo, y los
elevadoristas le preguntan "¿a qué piso vas?", cosa que
nunca ocurriría con unos buenos zapatos, recién lustrados.
Para pedir trabajo hay que vestirse de hombre modesto,
serio, sumiso, carente de imaginación, pero próspero;
camisas blancas, corbatas sin chiste, trajes de un solo
color, y si es posible oliendo a tintorería. Un portafolios
puede ser de gran ayuda, aunque lleve uno adentro
tortas compuestas. Cuando quiere uno descontar letras
de cambio, hay que ponerse un traje que sea réplica
exacta de los que usa don Agustín Legorreta. Para dar

clase de literatura, saco de pana y zapatos no muy nuevos; un libro de Marcuse bajo el brazo, completa el disfraz. Si quiere uno pasar por intelectual mexicano, es indispensable llevar un *Siempre!* en el sobaco, etcétera.
Jorge Ibargüengoitia

* presidencialismo
En esta estructura vertical de poder, el que manda, manda, y si se equivoca, vuelve a mandar... y los demás se friegan. Esta lógica de poder se reproduce desde el hogar hasta los mandos de gobierno. (…)
El presidente es, en México, la máxima figura patriarcal, y así como el hijo se somete al padre, los subordinados al primer mandatario deben mostrar sumisión ante su jefe, tolerar sus humillaciones y portarse como sus incondicionales, sus "achichincles".
Rafael Barajas, *El Fisgón*

* presunción
Debe ser terrible tenerme y después perderme.
Mauricio Garcés

* prevenidos
Los taxistas suelen llevar un desarmador encajado en un resquicio del parabrisas; se trata de una herramienta "por si acaso", muy poco relacionada con los tornillos y que puede acabar en el vientre de un asaltante. Obviamente, una profesión que nesecita un desarmador como talismán contra la adversidad está llena de sobresaltos. Sí, los taxistas son dramáticos.
Juan Villoro

* previsor
Usted seguramente conoce el caso de cierto funcionario

de segundo nivel al que conocían como el Zopilote, porque todo el tiempo se le iba en planear, planear y planear… a lo tarugo.
Gumaro Morones

* principios
Mis odios casi siempre están dirigidos a los que no tienen dignidad y por una beca o un estímulo son capaces de culiempinarse, aborrezco a los oportunistas, a los que hablan mal de los demás sólo por quedar bien ante alguien, a los envidiosos y a los cobardes, a los egoístas y a los rateros, a los políticos bastardos y a los antimexicanistas. Creo profundamente en la amistad y en la dignidad del hombre.
Rafael Ramírez Heredia

* problemón
Siempre ha sido un problema lo del dopaje en los deportes, sobre todo por la cantidad de asteroides que algunos deportistas ingieren.
comentario deportivo; citado por Roberto Gómez Junco

* procedimiento
El nuestro es un país voraz que todo lo embalsama y oficializa.
José Emilio Pacheco

* proceso
Con el tiempo, ser exiliado español en México no sería una forma de ser español sino de ser mexicano.
Ricardo Cayuela Gally

* proclama
No penséis que sois eternos, pensad sólo que sois hojas.
Erasmo Castellanos Quinto

* proclividad
La historia de las revoluciones exhibe una trágica
proclividad a su descomposición. O lo que es peor, a su
coagulación política, por motivos plurales y más o
menos ineludibles, en formas concretas de
autoritarismo.
Jaime García Terrés

* profuso
¡Hasta algo tan supuestamente sencillo como un
convenio de prestación de servicios de los maleteros en
el aeropuerto lleva el larguísimo título de "Contrato de
acceso a zona federal para la prestación del servicio de
manejo y transporte de equipajes en ambulatorio
público, puertas y banquetas, así como servicios de
apoyo a líneas aéreas"!
Sara Sefchovich

* pronóstico
Mujer que sabe latín
ni tiene marido
ni tiene buen fin.
dicho popular; citado por Rosario Castellanos

* pronunciación
A Angangueo, Michoacán, lo bautizó un gangoso.
Marcial Fernández

* proporciones
Entiendo que una de las posibles etimologías de la

palabra teporocho se sustenta en una proporción aritmética: tres por ocho. Tres tantos de alcohol por ocho de refresco. El eufemismo de Jefe caite con un peso pa' mi refresco no es gratuito. Refiérese al ingrediente mayoritario: ocho tantos de Lulú roja por tres de alcohol potable de 96 grados, que ciertamente no se vende en la farmacia sino en la vinatería.

Tres por ocho, teporocho.

Gonzalo Celorio

* propósito

En entrevistas (…) me han preguntado por lo que más censuro en mí. He contestado: nunca he conseguido ser enteramente auténtico, me gustaría parecerme al boxeador que sin oportunidad ninguna de triunfo, como alegre suicidio sigue rompiéndose la madre hasta el último round.

Ricardo Garibay

* propuesta

(…) Si te agreden, si te ofenden, si tu simpático vecino arroja la basura a tu patio, si tus seres amados te amputan el alma pero lo hacen por tu bien, si el lugar que tendría que ser tu paraíso se ha vuelto un infierno, si deciden negarte el permiso para existir, si te dicen que eres culpable hasta que no demuestres lo contrario, si te avisan que tu pecado original viene con muchas copias, si te amenazan, si te dicen que sufrir es bueno y que hay que gozar pero muy poquito… si esto, o aquello: por favor, no te dejes.

Germán Dehesa

* protección

¿Y ahora quién podrá defenderme?

¡Yo!
el Chapulín colorado

* proveedor
Con la excepción de Pemex, creo que durante un
tiempo yo fui el que metió más divisas al país.
Rafael Caro Quintero; citado por Carlos Monsiváis

* provisorios
(...) Vamos por partes; siempre están en compostura, se
prefiere tapar malamente un bache a emprender una
obra duradera más económica si se suma lo que
importan las reposiciones superficiales (...)
Ángel de Campo, 1896

* provocación
México no merece a sus grandes hombres.
Guadalupe Amor; citado por Jorge Mejía Prieto

* prueba
Nuevo San Juan Parangaricutiro, o
Parangaricutirimícuaro.

* publicitario
Salvador Novo, con su talento poético y su humor
característico puestos al servicio de la publicidad,
escribió: *de Sonora a Yucatán, todos usan sombreros Tardán.*
Daniel Leyva

* puentes
Construcciones aerodinámicas, prodigio y pasmo de la
ingeniería. Unen el lunes con el viernes y el miércoles
con el sábado. Aguantan todo el peso de las vacaciones
que ustedes gusten.

(…) los suspirados puentes tendidos entre unos tres y cinco días según el nacional deporte de encadenar fiesta con fiesta para alargar el asueto sin interrupción alguna. Letrero que podría situarse en la frontera del país: Aquí se inhabilitan los días hábiles.

Joaquín Antonio Peñalosa

* quedarse

Cuando mi vida parta -porque debe partir-, yo, Frida, me quedaré para inmortalizarla. Yo soy una y mi vida es otra.

Frida Kahlo; citado por Elena Poniatowska

* queja

Nada hay tan ingenuo como quejarse ante las autoridades de los desmanes de las autoridades.

Nikito Nipongo

* quejosos

En el Estado de Guerrero, los únicos que se quejan son los pobres (que constituyen más del 80% de la población).

paréntesis de Carlos Monsiváis, en relación a la declaración de un gobernante local

* querella

Que se eduque a los hijos del labrador y del barretero como a los del más rico hacendado.

José María Morelos

* quid

¿Por qué en la inauguración de una obra pública se exalta a la autoridad y no también al contribuyente?

Nikito Nipongo

* quiu…

Quiubo, quiúbole o quiubas. Expresión que se utiliza como saludo, preguntando al saludado cómo le ha ido. No ha perdido vigencia y se emplea por personas de cualquier edad, hombres o mujeres, y en cualquier región de la República Mexicana.

Puede ser también una expresión de regocijo, de sorpresa; sobre todo cuando se desconoce el nombre de la persona saludada. Ejemplo: "¡Quiuuuuuuuuubo! Cuánto tiempo sin verte, ¿cómo estás? Ahora sí nos tenemos que ir a comer. Sin falta, ¿eh? Me dio mucho gusto verte. Saludos por tu casa. Hasta luego".

Guadalupe Loaeza

* raíces
Arrancaron nuestros frutos
quemaron nuestro tronco
cortaron nuestras ramas
pero no pudieron matar nuestras raíces.
de la tradición indígena

* rareza
Paradoja de México: las ruinas son eternas, la novedad
es ruinosa.
Carlos Fuentes

* rastreo
La expresión "hacer el oso" viene de cuando en los años
sesenta, osos rusos domesticados bailaban al ritmo de
una pandereta.
"Hacer el oso", significaba verse tan ridículo como los
pobres osos disfrazados bailando en las esquinas.
Guillermo Arriaga

* razonamiento
Andamos como andamos porque somos como somos.
el filósofo de Güemes

* razones
Pinto autorretratos porque estoy mucho tiempo sola. Y
porque soy el motivo que mejor conozco.
Frida Kahlo

* reacción
Dice la poeta Carmen Alardín:
-Si alguien se acerca a mi tumba a decir "descanse en
paz", me levanto y le miento la madre.
Francisco Hernández

* reaseguro
Para sus negocios de agricultor y comerciante, mi padre
viajaba con frecuencia a Zamora, Guadalajara, Colima,
o a lugares tan remotos como Oaxaca, Chiapas y Guate-
mala. Se encomendaba a Dios y se enfundaba la pistola.
Rafael Guizar

* rebelde
El Destino quiso que yo fuera desgraciada, pero no me
dio la gana.
Lola Sierra, tía del escritor; citada por Jorge
Ibargüengoitia

* rebuscado
(...) buscarle chichis a las culebras
dicho popular

* receta
Es típico en las temporadas de "posadas" y Año Nuevo,
el tomar "ponches". Los ingredientes que más comúnmente entran en su composición, aparte del agua, son:
tamarindo, tejocotes, canela, caña de azúcar, guayabas,
limón, naranjas y otras frutas de la estación; para que
adquieran una coloración rojiza, se les agrega jamaica. Ya
para servirse el ponche, previamente endulzado, se le
agrega el piquete, que varía desde un poco de alcohol puro
hasta casi puro alcohol. Se les puede agregar ron, mezcal,
habanero, tequila, caña y hasta aguardientes con ínfulas de
cognac. Un buen ponche es aquel que arde al contacto
fugaz de una flama. Los ponches se recomiendan en casos
de gripe y de resfriados en general; si se acompañan de
aspirina será mejor. En algunos velorios también se sirven
ponches, en vez de café, que es lo más típico.
Francisco Padrón

* rechazo

En 1920, el 90 por ciento de los mexicanos eran iletrados. El primer ministro de Educación de los gobiernos revolucionarios, el filósofo José Vasconcelos, lanzó entonces una campaña alfabetizadora que hubo de enfrentarse a la feroz resistencia de la oligarquía latifundista. Los hacendados no querían peones que supieran leer y escribir, sino peones sumisos, ignorantes y confiables. Muchos de los maestros enviados al campo por Vasconcelos fueron colgados de los árboles. Otros regresaron mutilados.

Carlos Fuentes

* reciclar

Ya he hablado de la costumbre de muchos autores de "refreír", es decir, aprovechar una pieza anterior adaptada a nueva situación análoga. Creo que el término "refrito", muy nuestro, tiene alguna relación con la denominación de entremeses, que se usa lo mismo para los bocadillos de mesa que para las piezas breves de teatro. Refreír un guiso es aprovecharlo con nueva sazón.

Armando de María y Campos

* recinto

(…) en México la cantina es una sancta sanctorum de la fraternidad exagerada, y de la chismografía, y una oficina donde es muy fácil ponerse de acuerdo sobre cualquier cosa o dirimirla a balazos.

Dr. Atl

* reciprocidad

(…) los héroes como moralejas que prueban la reciedumbre y la legitimidad de cada una de las fábulas

estatales. El muralismo, síntesis de la educación intachable. Agigantados, enardecidos, cabalgan Villa y Zapata, el hombre ígneo se despliega por entre las bóvedas. La Revolución triunfante administra educativamente su pasado. Un guerrillero, un subversivo, pueden ser fuente de impulso e inspiración si, al volverse figuras del panteón cívico, apoyan con su mudez significativa al Sistema que les rinde estatuas.
Carlos Monsiváis

* reclamo
Una canción mexicana de reclamación amorosa, que quizás se inventó antes del siglo XIX, dice:
Ay, cocoI,
ya no te acuerdas de cuando eras chimisclán;
ya porque tienes a tu ajonjolí,
ya no te quieres acordar de mí.
Fernando Díez de Urdanivia

* recomendación
Al que no quiera oír es preciso hablarle recio y seguido.
Benito Juárez

* reconciliación
El perdón dentro de la ética rarámuri es una cosa seca, hueca. La única manera de reconciliación verdadera es ponerse de acuerdo las dos partes para hacer una restitución por el daño hecho.
Ricardo Robles

* reconocimiento
(…) de nuestro, a pesar de todo, amadísimo país.
Efraín Huerta

* reconsiderar

Cabe reconocer que ésta es una cultura que exalta la avidez y el estado de alerta. Recuerdo (...) la sangronsísima frase: "Camarón que se duerme se lo lleva la corriente". Eso significa vivir el sueño como sinónimo de derrota, de pasividad, de indolencia; de seguro la imaginó una langosta ejecutiva. Por mi parte señalaría que camarón que tiene insomnio lo enajena Televisa, y quién sabe qué sea peor.
Edmundo González Llaca

* reconversión

Cuando ese ente abstracto que la opinión pública llama hombre de la calle o mujer de la calle (…) se mira de pronto constituido en jerarquía, entonces se vuelve agresivo, abusivo, intolerante, no más porque está detrás de una ventanilla, sentado en un escritorio burocrático, subido a una tarima por ejemplo para dirigir el tránsito de vehículos, vestido con cualquier uniforme de policía o de aeromoza, amigo del señor diputado suplente, remoto familiar de un remoto influyente en la política, poseedor de una credencial con sellos y firma según estilo, o ya de perdida, dueño de cualquier tarjetita de recomendación.
Joaquín Antonio Peñalosa

* recordar

La burguesía oficial conoce y maneja la dialéctica. Recuerda que una vez fue revolucionaria.
Enrique González Pedrero; citado por Jorge Mejía Prieto

* recurso

(…) como el cantante que al dar la nota falsa, se

defiende de la rechifla con un "viva México". Ese "viva
México" ya sabemos todos qué es.
José Revueltas

* reencuentro
Amar a la Ciudad de México parece una tarea cada vez
más ardua. Fácil es caer en la inmediata provocación de
repudiarla: aceptar el hechizo de condiciones y medios
que facilitan el fugaz abandono del desastre. Sin
embargo, tarde o temprano, humillados y ofendidos,
convencidos o escépticos, por misteriosas razones
regresamos a la imposible, la infiel, la insoportable. La
inevitable Ciudad de México, noble y leal a pesar de
nosotros.
Vicente Quirarte

* referente
Cuando José Emilio Pacheco sale del país, la voz crítica
y cultural de México baja diez puntos. (...) Para los días
de desfallecimiento moral, una cura de José Emilio es
necesaria; demuestra que no todo lo han conseguido
estropear los políticos y que aún hay quien se resiste y
señala el camino.
Paco Ignacio Taibo I

* regionales
La calidad y procedencia de las bebidas son muy
variables, y aun cuando en cualquier lugar se pueda
encontrar de todo, hay bebidas que son peculiares o
características de determinadas zonas. Así por ejemplo
la charanda nos recuerda a Michoacán; el tequila, tan
popularizado, es típicamente jalisciense; el comiteco es
de Chiapas (Comitán); San Luis Potosí y Zacatecas son
el panino del mezcal; Oaxaca, lo es del mezcal de olla;

los toritos son bebidas típicas de Guerrero; en Sonora se toma Bacanora; el sotol es bebida de los Estados norteños del país, el tesgüino lo acostumbran los tarahumaras. El Jolcatzin es bebida de Campeche; el xtabentum y el balché son yucatecos por excelencia. Los amargos y las pasitas son famosos en Puebla. La caña se toma en la Huasteca, y el mosco en Toluca.

Desde luego, existen muchas otras bebidas que no reconocen un lugar de procedencia típica; sin embargo el ron, el habanero y el huastecomate nos recuerdan a la tierra caliente.

Francisco Padrón

* reglamentitis
Si hubiera justicia en este mundo, el Conacyt debería becar de tiempo completo, por lo menos durante diez años, a cada uno de (…) los (…) mexicanos para que leyera todas las disposiciones que deberá acatar.

José Joaquín Blanco

* reincidente
Nada me han enseñado los años,
siempre caigo en los mismos errores;
otra vez a brindar con extraños
y a llorar por los mismos amores.

José Alfredo Jiménez

* reiteración
Todo sexenio comienza medio del carajo, sigue de la chingada y acaba como la puta madre.

Nikito Nipongo

* reivindicación
Soy ridículamente cursi y me encanta serlo. Porque la

mía es una sinceridad que otros rehúyen... ridículamente.
Agustín Lara; citado por José Natividad Rosales

* relatos
Mi abuela (...) me contaba dos clases de historias:
cuentos y sucedidos. Es decir, ficción y no-ficción.
Llegué a enviciarme al punto que desde los tres años
asaltaba a las visitas para que me relataran todas las
narraciones que supieran. Por lo demás, tuve el
privilegio de encontrar libros en mi casa. Descubrí que
los cuentos se guardaban en cajas mágicas, llenas de
signos que, si uno sabía ponerlos en marcha, también
contaban historias. Me esforcé en aprender a manejarlas
y desde entonces no he abandonado su trato.
José Emilio Pacheco

* remoto
El año del caldo fue hace mucho, cuando se amarraba
los perros con longaniza y no se la comían.
Alfredo Ramos Espinosa

* rencores
La conducta de Villa asimila el poder triturador de vidas
y honras del hacendado y lo transmuta en entusiasmo
campesino ante justicias o desquites. El recuento de la
crueldad (histórica y legendaria) de Villa arroja una
descripción: es la víctima que hereda la brutalidad del
victimario (...)
Carlos Monsiváis

* renombrar
Todo lo indígena, lo devaluado a los ojos del español,
trató de ser borrado, los antiguos nombres fueron

sustituidos, siempre haciéndolos anteceder por la partícula de la Nueva: Nueva Galicia, Nueva España, etc. Aquí la palabra renovar con su asociada reparar, cobran toda la fuerza de su filología. En las designaciones de pueblos pequeños, el nombre indígena no prevaleció sino como apellido materno; Santiago Tianguistengo, San Andrés Tetepilco; una vez más la filiación maternal de lo indígena es evidente.
Santiago Ramírez

* reparación
Infinitas gracias doy a la Virgencita de los Dolores porque antenoche mi mujer se juyó con mi compadre Anselmo y con eso él va a pagar todas las que me ha hecho.
exvoto; citado por Eduardo Galeano

* repercusión
¿Qué hubieran dicho los hispanófilos si Cuauhtémoc le hubiera quemado los pies a Cortés?
Nikito Nipongo

* réplica
A mí no me andes ninguneando, que yo nunca te he cualquiereado.
autor desconocido

* requisito
No se puede entender a México si no se comprende por qué llora en silencio la actriz Sara García.
Carlos Monsiváis

* resignación
Una sensación recorre el mundo, la sensación de que "no

hay de otra". Este es el momento para que los mexicanos exportemos la filosofía del "ni modo" (...) Nada tenemos que aprender de los teóricos de la posmodernidad y, en cambio, nuestra larga experiencia en el "me vale", en el "qué más da" y en el "total" podría enseñarles mucho, porque nosotros estamos aclimatados, ya desde hace varias generaciones, a la falta de horizontes y hemos superado la resignación pesimista, el desánimo trágico de quienes descubren por primera vez la fuerza del destino, alcanzando lo que podría denominarse una "resignación desmadrosa": la paradójica actitud de quienes en lugar de abatirse, lo toman a relajo. Somos sabios, pues, lejos de ser un pueblo amargado (ya que no hemos tenido "de otra"), reímos, sabemos vivir y, de algún modo, "ahí" la llevamos.

Ahora que el fantasma del "no hay de otra" se ha instalado en el mundo, parece indispensable echar mano de la sabiduría mexicana del "ni modo", para impedir que, principalmente los sectores juveniles de otros países, se hundan en el pesimismo o se tiren a la desgracia; porque no cabe duda que se resignarán, pero se tratará de una resignación triste, improductiva; no como la nuestra que somos capaces de decir "ni modo" y "seguir dándole".
Oscar de la Borbolla

* resistencia
A veces se piensa que lo más radical es lo más duro, lo cabrón, lo sórdido, hoy en día, es mucho más radical generar espacios de felicidad, de humor, no hay nada más transgresor en estos momentos que sentirse bien, precisamente porque no hay muchos elementos para sentirse bien.
Juan Villoro

* responsabilidades
Funcionarios de segunda son los que cargan con las culpas de los de primera.
Nikito Nipongo

* respuesta
-Sí, soy mexicana.
-Pero Chavela, usted nació en Costa Rica.
-¡Los mexicanos nacemos donde nos da la rechingada gana!
entrevista a Chavela Vargas

* resquicios
Esta nueva aportación de México al mundo, la transa, hija predilecta de "la movida" (remember Clavillazo: "Ahí está la movida") y entenada de "la onda", lógica y entrañablemente ha proliferado en el uso juvenil, a tal grado de vencer a sus antecesoras abrumadoramente y colocarse en la cúspide del hit parade de nuestra habla urbana. (…)
La transa es una institución popular que responde a una cultura urbana en que se mezclan el consumo y la miseria, la imposición masiva de necesidades múltiples y sofisticadas en toda la población, a través de una publicidad ubicua, y la absoluta imposibilidad de satisfacerlas por medios honestos, cuando la mayoría de la población ni siquiera alcanza los suficientes satisfactores a las elementales necesidades fisiológicas. Familiar reducción de la bursátil "transacción", muestra ante todo una sofisticación de, por así decirlo, la delincuencia. (…)
Y sucede que el consumo ha creado en esos muchachos, urgencias que llamaríamos suntuarias, pero que son sicológicamente vitales, porque son las únicas razones

para vivir que el sistema ofrece publicitariamente a la población: los recursos con que el sistema se transa a la gente. (...)

A los chavos transas se les han prometido paraísos desde que eran bebés y ni siquiera se les da una chamba con salario mínimo; nuestro sistema educativo ha colaborado con la transa al hacerles creer que la escuela era un franco camino a un status mejor. A los veintitantos años descubrirán que fueron transados y no les quedará otra que sobrevivir con recursos menos deportivos que la casi inocente transa. (...)

Por medio de la transa la juventud pobre se acerca a los olores del banquete; de no existir ese recurso, quizás estarían causando problemas más violentos.

José Joaquín Blanco, 1978

* restricción
¡La confianza dura... hasta que se acaba!
el filósofo de Güemes

* resultados
En México Pancho Villa perdió la guerra pero ganó la literatura.
José Emilio Pacheco

* resumen
México, con su nopal y su serpiente; México florido y espinudo, seco y huracanado, violento de dibujo y de color, violento de erupción y creación (...)
A través de sus aciertos luminosos, como a través de sus errores gigantescos, se ve la misma cadena de grandiosa generosidad, de vitalidad profunda, de inagotable historia, de germinación inacabable.
Pablo Neruda

* reto

En cuanto a los restauradores de la mexicanidad, a ver cuál de ellos es el primero que se pone en la fila de los sacrificios…

Roberto Blanco Moheno

* retraso

(…) cargadores con bultos muy pesados en la espalda que le gritan a uno ¡golpe! Cuando ya se lo han dado.

Dr. Atl

* revancha

Cuesta trabajo hablar con estilo de estas cuestiones, pero la vida en compañía del chile está acompañada de toda clase de aventuras gastrointestinales, a tal grado que hemos hecho de la diarrea una forma de patriotismo.

Cuando el indigesto visitante pasa sus vacaciones en el excusado, decimos con vindicativo orgullo que fue víctima de la "revancha de Moctezuma".

En otras palabras: nos conquistaron pero hemos encontrado una manera rencorosa de entrar en las entrañas de los extranjeros.

Juan Villoro

* reverencia

(...) para entrar en los tinacales todo el mundo se quita el sombrero, como si entrase en una iglesia o en el templo de los dioses del pulque.

Egon Erwin Kish

* revolución

(…) Lo mismo pasa con las revoluciones. Se hacen viejas y llega un momento en que cuesta mucho trabajo

recordar lo que fueron en sus mocedades. A la nuestra, por ejemplo, le pasa lo mismo que a todas las mujeres de sesenta años. Ha adquirido una respetabilidad que nunca hubiera pretendido tener en su juventud.
Jorge Ibargüengoitia

* rezo
No nos dejes huir de la tentación más líbranos del Mal.
Ramón López Velarde

* ruta
ISSSTE – Centro Médico – Panteón.
ruta 43 de camiones en Guadalajara; citado por Carlos Martínez Vázquez

* sabio

El ingeniero agrónomo mexicano Ataúlfo Morales Castillo experimentó con sus árboles de mango hasta encontrar el fruto perfecto:

69% de pulpa

19% de cáscara

8.5% de hueso

Y en 1963 creó el mango que lleva su nombre.

nota de prensa

* sablazo

(…) Otra sutilísima técnica para robar al prójimo es el sablazo. Si robar es tomar lo ajeno contra la voluntad del dueño, sablear es tomar lo ajeno a pesar de la voluntad del dueño.

Sablazo es, por vía de ejemplo, cuando el amigo te pide prestados veinte pesos que le urgen para tomar un taxi, que desde luego jamás va a liquidar; sablazo es cuando te detiene en la plaza un ramillete de muchachas para venderte fotos de la reina de primavera; sablazo es cuando te encajan un boleto para la rifa de un reloj automático, de cuyos resultados jamás te informan; pretextos de sablazo son los ciegos, los mudos, los cojos, los sordos, los cancerosos, los damnificados del ciclón, los que deben una manda de cien pesos al Señor del Saucito que prometieron precisamente recabar de los demás, que no son más que profesionales de la limosna y desvergonzados sableadores de causas pías.

Joaquín Antonio Peñalosa

* sabores

Allá en Comala he intentado sembrar uvas; no se dan. Sólo crecen arrayanes y naranjos; naranjos agrios y

arrayanes agrios. A mí se me ha olvidado el sabor de las cosas dulces.
Juan Rulfo; citado por Elena Poniatowska

* sagrada
Todas [las maldiciones] pueden ser resistidas por la paciencia del mexicano, menos aquélla que menciona a la madre, naturalmente sin mención honorífica ni premio de buena conducta. El mexicano sería capaz de aceptar que él es sinvergüenza y, si es necesario, que aun también lo son sus tíos, primos y demás parientes, menos el ser sacratísimo que le dio el ser.
Si le recuerdan al padre, apenas se inmuta; si a la abuela, lo mismo da. Pero que no le mienten la madre. La madre no se menciona jamás. Prohibido el paso. Ni la palabra misma se puede usar. Excluida quedó del diccionario *per infinita sécula*. En vez de madre hay que decir mamá, la jefa, la jefecita, la patrona o, con cierta chabacana solemnidad, la autora de sus días, la progenitora y con eufemismo digno de mejor suerte, "la hermana de tu tía".
Joaquín Antonio Peñalosa

* salida
El arte es la única salvación de México.
José Vasconcelos

* santoral
[...] la devoción a San Lunes se antoja un mal nacional, como queda de manifiesto en el hecho incontrovertible de que sea México el único país del mundo en el que existe, una población llamada, precisamente, San Lunes (sita a las afueras de Pachuca, en el estado de Hidalgo), así bautizada en honor a la vinatería del pueblo –llamada también San Lunes–, que solía suministrar de provi-

siones para su muy particular culto a los trabajadores de la Compañía Minera de Santa Gertrudis, ahí asentados desde finales del siglo XIX.
Elsa R. de Estrada

* secuencia
(…) reflexionar sobre una cosa y dejar el testimonio de esa reflexión en forma clara, ésa es una lección extraordinaria de Octavio [Paz]. Nosotros solemos primero hablar y después pensar: ése es el gran pecado latinoamericano, y Octavio nos ha enseñado lo contrario.
Álvaro Mutis; citado por Elena Poniatowska

* seguridad
Me gusta la confianza ciega que todavía nos tiene el taquero, cuando nos pregunta "¿cuántos fueron?"
Kirén Miret

* semejante
"Venden café en las joyerías de los Estados Unidos".
Ni envidia. En México desde hace muchos años se venden obras de arte en las panaderías. Esas miniaturas llamadas bolillos.
Renato Leduc; citado por José Ramón Garmabella

* sentidos
Nuestra cultura (…) por medio del lenguaje, llena de significados infinitos a la mano. Esta es saludo, asombro, matrimonio, poder, igualdad, colaboración, exceso, triunfo, amenaza, etcétera, etcétera.
Para quien lo dude: ¡Hola mano!, ¡jijo mano!, pedir la mano, hecho a mano, dame una mano, salió con la mano en alto, de antemano, como caer en sus brazos y

no caer en sus manos, con las manos llenas, con las manos en la masa, se le cai la mano, el destino en sus manos, al alcance de la mano, de segunda mano, tiene buena mano, no le amarraron las manos, tan diferentes como los dedos de la mano, fuera manos, mano dura, arriba las manos, a mano, más vale pájaro en mano, manirroto, uno le da la mano y toma el pie, les faltan manos, se le pasó la mano, manos a la obra, se le seca la mano, lo conozco como la palma de mi mano. Y no resisto poner lo que decía mi abuelita a mis tías cuando las veía sentadas y ociosas: "Me choca verlas mano sobre mano".

Edmundo González Llaca

* sentires

De esos días en que sientes que, en la piñata cósmica, te tocaron puros tejocotes.

Juana Inés Dehesa

* sexenio

En el primer año se promete, en el segundo se planea, en el tercero se experimenta, en el cuarto se busca la fórmula definitiva, en el quinto se rectifica y en el sexto se llega a la conclusión de que la cosa ya no tiene compostura.

Nikito Nipongo

* silenciosa

De todos los que aquí vivimos y morimos, sólo María -y la palabra acoge generosamente bajo su manta de satén magenta a cuanta mazahua y otomí llega a nuestros camellones desarbolados- conserva la calma de la montaña. Al borde del atropellamiento, con su caja de Kleenex o de Bubblegum, en medio del tráfico, siempre

en luz amarilla, borda -*borda*, y la palabra adquiere resonancias de arcaísmo- los olanes del gorro del niñojesús que trae amarrado a las espaldas.
Gonzalo Celorio

* singularidad
México es el caos más equilibrado que existe.
Efraín Huerta

* sinigual
Hasta el último día que estuvo en su casa, antes de ingresar al hospital [falleció el 19 de junio del 2010], Monsiváis defendió el gusto por convivir con sus gatos –casi 20-, sus compañeros inseparables, sobre todo a la hora de escribir. (…)
Los consentidos de Monsi:
Recóndita Armonía, Monja Beligerante, Rosa Luz Emburgo, Ansia de Militancia, Eva Sión, Fetiche de Peluche, Fray Gatolomé de las Bardas, Chocorrol, Miau Tse Tung, La Monja Desmecatada, Carmelita Romero Rubio de Díaz, Miss Oginia, Miss Antropía, Catástrofe, Pio Nonoalco, Nana Nina Ricci, Posmoderna, Mito Genial, Caso Omiso, Zulema Maraima, Voto de Castidad (Votito), Catzinger, Peligro para México, Copelas o Maullas
Mónica Mateos-Vega

* sinónimos 1
(…) se encuentran entre otros, los siguientes sinónimos de la palabra "muerte": parca, calaquita, pelona, calva, caneca, canica, cabezona, mocha, copetona, segadora, tolinga, jedionda, apestosa, dientona, la huesuda, la sin dientes, la mera dientona, la tembeleque, la sonrisas, la tostada, la flaca tilica, la fláutica, la dama de la guadaña,

la danza del alba, doña osamenta, doña huesos, María Guadaña, patas de catre, patas de alambre, patas de hule, patas de popote, patas de ixtle, patas de araña, la lengua de hilacha, la pepenadora, la afanadora, la enlutada, la dama del velo, la impía, la novia fiel, la bien amada, la amada inmóvil, la cutacha, la siriquisiaca, la pesteada, la hora de la verdad, la hora, la hora de la hora, la mera hora, la pálida, la blanca, la polveda, la triste, la catrina, la llorona...Y la chingada, explicada por Octavio Paz en su conocida obra *El laberinto de la soledad*. Sin olvidar que, por una extraña referencia a la farsa inglesa estrenada por Brandon Thomas, en 1892, Charley's Aunt, en México también se conoce a la muerte como "la tía de las muchachas". Para muchos escritores mexicanos el mejor sobrenombre de ella pudiera ser "la fría" (...)

De una riqueza comunicativa sin igual, los dichos populares mexicanos concernientes a la muerte han convocado el interés de no pocos investigadores de la lengua. Algunos de estos dichos constituyen originales eufemismos mortuorios: "durmió el sueño de la tierra", "ya se peló", "ya se lo cafetearon", "colgó los tenis", "estiró la pata", "se petateó", "se le acabó la gasolina", "le falló la maquinaria", "quedó fuera de circulación", "entregó el equipo", "salió con los tenis por delante", "se puso la pijama de madera", etc.

Eulalio Ferrer, retomando los estudios de Juan Miguel Lope Blanch

* sinónimos 2

Para indicar que alguna persona ha fallecido, existen infinidad de expresiones populares, no pocas de ellas muy vulgares. Las siguientes equivalen a haber muerto: Estiró la pata, dejó el pellejo, entregó la pelleja, entregó el equipo, entregó la herramienta, alzó los tenis, levantó los tenis, volteó los tenis, estiró la chancla, clavó el pico, se quedó serio, se quedó frío, se quedó tieso, se espichó, dio el changazo, ripió (de R.I.P.), cerró los ojos, acabó, mordió el polvo, entregó el alma, se noquió. Otras formas de decir lo mismo: ya estuvo pepe, se lo llevó la enlutada, se lo llevó candingas, se lo cargó la flaca, se lo cargó la pachona, se peló con la huesuda, le llegó la raya, se lo fildeó la pelona, se lo llevó la tía de las muchachas. (…) Queriendo decir que alguien murió, hay estas otras maneras de expresarlo: pegó botones, ya ahuecó, ya ahuecó el ala, peló gallo, se peló de casquete, se peló, mascó el freno, metió reversa, metió los frenos, salió de pies, se torció, se entiesó, se lo llevó el tren, se fue pa California, se fue p'al otro barrio, ni adiós dijo, se quedó vano, se lo llevó la tolinga, se amorteció, o se quedó toditito amortecido.

Para otros, todo esto se puede expresar indicando que ya cargó con su equipaje, que ya cargó con sus petacas, que ya levantó el puesto, que se petateó, que levantó su petate, que ya sacudió su petate, que perdió la zalea, y que estacó la zalea.

Francisco Padrón

* síntesis

Veamos (…) la descripción de la Conquista, según el *chingonazo* de Rius, en boca del *chingaquedito* de Nopaltzin: "Hace un chingo de años, los indios éramos bien chingones… ¡Cuauhtémoc era el gran chingón!… pero llegaron un chingo de gachupines y los muy hijos de la chingada hicieron mil chingaderas y chingaron a los indios ¡y nos llevó a todos la chingada…!"

Armando Jiménez

* situar

Ayac xictli in tlaltícpac (Nadie es ombligo en la tierra) es un antiguo adagio náhuatl que surge de la profunda elocuencia, a veces sentenciosa y enigmática, de la filosofía moral de nuestro México antiguo. Equivalía, por un lado, a una conminación a no enaltecerse, a no autoconstituirse en centro (en "ombligo") en esta tierra por encima del semejante. Por otro, valía por una exhortación a no menospreciar a nadie, ni hacer befa de persona alguna, haciéndola blanco del ridículo por sus deficiencias físicas, intelectuales y aun morales.

Arturo Rocha

* sobreestimar

Creo que en México le concedemos a la pura duración un valor desmedido e injustificable.

Germán Dehesa

* socializar

Cuando los gobernantes fracasan por ineptos y ladrones, se acuerdan del pueblo y declaran impertérritos: "Todos somos culpables".

Nikito Nipongo

* solemnidad

La solemnidad es una gravísima afección del espíritu; es tiesura, distanciamiento artificioso; no nace de la ecuanimidad o de la ponderación. En varios de los políticos mexicanos es solemnidad de la peor especie: la del latón, del cartón, del papel, del oropel.

Javier López Moreno

* solicitud
Calle poblana. Ciego con el siguiente letrero: "Haga menos triste mi oscuridad".
Francisco Hernández

* sombra
(...) las mentiras del pasado y todo aquello que a su tiempo se escamoteó al conocimiento público o se maquilló para la historia oficial y todo lo que se traspapeló en la complicidad de la omisión o en la complacencia del olvido seguirá caminando con nosotros: será nuestra sombra inseparable.
Enrique González Pedrero

* sospecha
Trotsky opinó que un líder obrero con faltas de ortografía es un traidor al proletariado. ¿Qué hubiera dicho de nuestros malos poetas "revolucionarios"?
José Emilio Pacheco; citado por Jorge Mejía Prieto

* sospechoso
Echar la culpa al gobierno de cuantos males suceden en este cuerno de la abundancia, incluida la sequía: Como quiere usted que llueva con este gobierno que tenemos.
Joaquín Antonio Peñalosa

* subestimar
No contaban con mi astucia.
Roberto Gómez Bolaños, *Chespirito*

* suciedad
Delicadísima cuestión se sometió a debates en uno de

los últimos cabildos (...) Se trataba de *limpia*, tema siempre sucio en nuestra ciudad (...)
Ángel de Campo,1896

* sueños
Los marakate (o sabios) wixárika (huicholes) han soñado que son tiempos oscuros los que se viven y que las velas de vida se están apagando en los cuatro puntos cardinales.
Que solo en el corazón de los pueblos "hay un cabito de vela titilando".
Pero también sueñan con que hay un resplandor inexplicable que asoma por muchos rumbos no muy precios (...)
No confían en que ocurra algún milagro, se dedican a provocarlos.
Ramón Vera Herrera

* suficiente
No vale la pena atacar un mal libro. Bastante castigo es para su autor el haber tenido la falta de autocrítica necesaria para publicarlo. Además dentro de un año nadie se acordará de él. Pues de cinco mil libros editados en México en 1970, para 1975 se leían cien, para 1985 se leerán cuatro y para 2070 se leerá uno.
José Emilio Pacheco

* sugerencia
(...) no le caería mal al futuro presidente encomendarse a la Virgen de Guadalupe. Cierto, muchos dirán que ello no le sirvió a Fox. Sin embargo, yo estoy convencido que, dada la magnitud de los errores cometidos este sexenio, es un milagro que el país todavía exista.
Jorge Chabat

* sumisas
En su relación con los hombres, las mujeres mexicanas son esclavas. Como esposas, toleran y sufren. Como madres, sufren y toleran.
Antonieta Rivas Mercado; citado por Jorge Mejía Prieto

* superlativo
Eran las calles muy largas. Eran callesísimas, como diría un oaxaqueño de la capital.
Andrés Henestrosa

* suplantar
La democracia del rumor, sustituto mexicano del parlamento y de la prensa.
José Emilio Pacheco

* súplica
Dios nos libre de un pendejo con iniciativa.
Álvaro Obregón

* suposición
Yo sé que el hubiera no existe, pero si hubiese tirado hubiese anotado.
comentario deportivo; citado por Roberto Gómez Junco

* surreal
En su forma chistosa, todos los países son surrealistas; lo único verdaderamente *super* real de México es la desigualdad social, la miseria en que vive la inmensa mayoría de los mexicanos. Eso es *surreal, super* real.
Augusto Monterroso

* sustento

La respetabilidad del gobernante le viene de la ley y de un recto proceder, y no de trajes ni de aparatos militares propios para los reyes de teatro.
Benito Juárez

* tamaño

He estado veinte, treinta veces en la Ciudad de México; (…) no conozco la Ciudad de México. (…)

México es la ciudad más grande del hemisferio occidental. México es la ciudad más antigua de América. México es una de las diez ciudades más ricas del mundo. México tiene más habitantes que la mayoría de los países.

En México viven unos 23 millones de personas. O quizá 25 o quizá 21. Hay pocas cosas más difíciles, en estos tiempos de todo computado, que saber cuántos habitantes tiene una ciudad. El problema no son los habitantes, es la ciudad: hay tantas versiones sobre dónde empieza y termina cada una; sus límites administrativos no suelen coincidir con sus límites reales. Pero, aún en esa confusión, no hay duda de que hay pocas más grandes.

Martín Caparrós

* también

La patria (...) son también los extranjeros que se preocupan por nuestro país como nosotros, mexicanos, podemos preocuparnos por lo que sucede en Chile o Argentina, Cuba o Argelia, Irlanda o California. Hay una gran patria de la inteligencia y el amor de la cual nadie es expulsable.

Carlos Fuentes

* tanto

(…) cada que la Identidad Nacional agoniza alguien, para resucitarla, grita "¡¡Gol!!"

Carlos Monsiváis

* tapado

(…) en las peleas de gallos el *tapado* no se tiene que sacar, ni pesar, ni enseñar, hasta el momento en que el dueño del gallo lo desee. (…) Y desde entonces, este término gallístico quedó incorporado al léxico de la política mexicana.
Gonzalo N. Santos

* tardías

Mi experiencia con las memorias de los políticos mexicanos me confirma que Wilde tenía razón cuando decía que sólo se ponen a escribir sus memorias los que lo han olvidado todo.
Germán Dehesa

* tarea

Debemos construir memoria.
Jovita Arellano

* taurinos

La palabra "Villamelón" no está en el Diccionario. Yo creí que era una palabra de origen castellano. Luego me han instruido y he venido a saber que la palabra "Villamelón" es netamente mejicana. Con ella se define al ignaro espectador de "los toros": mitad patán y mitad turista. Puedes ser un zafio o un pedante. En general es el gran analfabeto del "arte divino de Cúchares". Luego existe el "gran Villamelón", el sabio "Villamelón" que podemos definir con una exactitud aproximada. En realidad se trata de un grupo, de una Academia taurino española mejicana, donde están los grandes doctores, "personajes opulentos" que viven de la sangre de toda la fiesta: la del toro, de la del torero y torerillo, de la del caballo, de la del público, etc. (…)

En la Plaza de México, el mayor coso taurino del mundo con 45 000 asientos aproximadamente, caben todos los Villamelones: los villamelones palurdos, los villamelones turistas, los villamelones pedantes y los villamelones doctorales.
León Felipe

* tautología
El que se chingó… se chingó.
el filósofo de Güémez

* tecnócratas
Decía convencido el poblano de pura cepa Sánchez Taboada, en su despacho de presidente del PRI: "De aquí sólo nos sacan como nosotros entramos: a balazos". ¿Quién iba a decir a don Rodolfo que de ahí los sacarían, no los balazos, sino los títulos expedidos por universidades norteamericanas? Nunca imaginó el cruel destino que les deparaba a los priístas el fin de siglo.
Manuel López Gallo

* teléfono
Principio de sexenio. Suena el teléfono.
-No estoy para nadie.
Fin de sexenio. El teléfono permanece en silencio.
-No soy para nadie.
José Emilio Pacheco

* televisión
En México he visto muchas cosas, pero nunca un radio o un aparato de televisión en la basura. Nadie puede vivir sin entretenimiento.
Emilio Azcárraga Milmo

* terapéuticas

(…) la gastronomía automotriz ha creado una botana específica para el conductor embotellado. Supe de esto en la salida a Puebla, donde un letrero informaba: "Gorditas de nata: prepare su cuota". (…)

¿Por qué la gordita prolifera en el tráfico? Mi hipótesis es que no cumple funciones de antojo sino de ansiolítico. Ante el paroxismo de la inmovilidad, no quieres algo rico sino algo que te impida matar a quien invade tu carril.

Juan Villoro

* terminante

-¿Qué no ha pensado en casarse?

-Viera que nunca he tenido malos pensamientos.

Mario Moreno, *Cantinflas*

* terminología

Political correctness de la mexicanidad tradicional: no llamar "conquista" a lo que es "invasión imperialista", ni derrota a lo que es "resistencia". No llamar "marido" ni "compañero" a tu "dualidad". No llamar "Imperio" a lo que era una "Confederación de Anáhuac", no llamar "emperador" al "tlatoani y a su contraparte administrativa, Cihuacóatl". Nunca mencionar los sacrificios humanos pues eran, o bien operaciones avanzadísimas del corazón, o bien un "infundio de Cortés para justificar el genocidio". Los españoles no derrotaron a los mexicas por superioridad técnica o habilidad política sino porque los preamericanos "no conocían el latrocinio, la mentira, la calumnia y la traición". El "machismo" es un término aplicable sólo a los europeos porque los indios creían en la dualidad: Ometéotl, que no es sino la combinación de cromosomas XX-XY. Nuestros ancestros no eran politeístas: creían en el Gran Espíritu, porque "no tenían dioses sino energías naturales a las que se les pedía y agradecía". "Plaza de la Constitución" o "Zócalo" son denominaciones colonialistas y falsas para Huey Itualli, y el Templo Mayor no lo es porque se llama Huey Teocalli. Las pirámides no son monumentos sino "maquinaria generadora de energía", los aztecas no eran explotados por una teocracia sino habitantes de comunidades "socialistas". No debe llamarse indígena al "Auténtico Mexicano". La difusión de la cultura mexica no es un negocio, es una "ofrenda". El 30 de junio, que ha trascendido como "La Noche Triste", es "La Noche Victoriosa de Cuitláhuac". El 13 de agosto no es el fin del sitio a los aztecas sino "la defensa heroica de Tenochtitlán como fecha para homenajear a los defensores de la soberanía ante la primera invasión extranjera".

Fabrizio Mejía Madrid

* testimonio
Yo siento amor carnal por México con los altibajos de la pasión: quemadura y embeleso. Nada de lo que pasa allí me deja frío. Y a menudo me hieren sus dolores, me perturban sus errores, y comparto cada una de sus victorias. (…) se aprende a amar a México en su dulzura y en su aspereza, sufriéndolo y cantándolo como yo lo he hecho, desde cerca y desde lejos.

Pablo Neruda

* tiempo
Elemento importantísimo en este sistemático descuacharrangue de la lógica cartesiana y el sentido racional de realidad es el manejo que los aguerridos aztecas hacemos del tiempo.

Frente al tiempo pragmático de horas, minutos y

segundos propio de los sajones, nosotros hemos concebido el vagaroso y poético tiempo mestizo implícito en locuciones como las siguientes: "te veo en la tardecita", "no vuelvas muy noche, mijo", "dése una vueltecita en uno diyitas", "te hablo un día de éstos", "nueve o diez te caigo, o tirándole a las once". (…)

De todas estas desquiciantes expresiones hay una que merece mención aparte: "orita vengo".

Es maravillosa. No compromete a nada y no significa nada, pero cumple cabalmente con esa formal cortesía que supuestamente nos caracteriza. Todos la hemos usado para abandonar una junta aburrida, para darle largas a un asunto que no nos interesa o para dejar a los amigos colgados con la cuenta en céntrico restaurante. Si además de decir "orita vengo" añadimos "no me dilato" todos deben entender que, por lo menos, durante varios meses no nos volverán a ver.

Germán Dehesa

* tierra

Para las comunidades, la tierra es un ser vivo que a cambio de reciprocidad proporciona lo necesario para la producción y la reproducción de las familias, mientras que los mestizos tan sólo la usufructúan como un medio de producción. De esta diferente cosmovisión se deriva una serie de prácticas que abarcan el ámbito religioso, cultural, social y económico, y le imprimen a la lucha política matices irreconciliables.

Jesús Ruvalcaba Mercado y Juan Manuel Pérez Zevallo

* típico

(…) otros sonidos adquieren un carácter casi lírico, para mí conmovedor: uno tristísimo emula el largo mugido de una vaca moribunda hasta que, si bajamos a toda

velocidad las escaleras, alcanzamos el llamado de un carrito con chimenea, de los que en otras partes tuestan cacahuates-maníes y aquí asan boniatos-camotes. Ignoro si la nostalgia proviene de bemoles que se dan quién sabe cómo o de la confusión y caída del discurso musical que exhala su último aliento. Esto, quizás porque lo acompaña la convicción del propietario de que, aunque se arrastre por las calles hasta que amanezca, no logrará vender toda su mercancía.
Ida Vitale

* titubeo
O ya no entiendo lo que está pasando o ya no pasa lo que estaba entendiendo.
Carlos Monsiváis

* todólogos
¡Pásele, pásele! ¿Qué "experto" necesita? Aquí en Twitterland y en la política mexicana encontrará: economistas, ecologistas, ing. petroleros, sismólogos, epidemiólogos, ing. civiles, médicos, maestros... ¡Lo que necesite según la ocasión! ¿Certificados? ¡Qué va! Con su palabra basta.
Laura Santillán

* tonalidades
Zona Rosa: demasiado tímida para ser roja, y demasiado atrevida para ser blanca.
Vicente Leñero

* tradiciones
Dicen que antes en México no se regalaba nada en Navidad, que Navidad era simple Noche Buena, que bajaba el Niño Dios y no Santa Claus, que se comía

bacalao, romeritos con camarones, ropa-vieja y ensalada de lechuga, cacahuates y betabel. Que había sidra y atole y chocolate, que no pavo ni sopa de tomate ni empanadas. Que sí capirotada y calabaza en tacha y turrones y nueve días de posadas con piñata y canastitas de colación, con velas y cantidos sin bailados, con merienda y no cena, con pláticas y no rock and roll.
María Luisa Mendoza

* traidores
Gobierno o individuo que entrega los recursos naturales a empresas extranjeras, traiciona a la patria.
Lázaro Cárdenas

* tranquilidad
En México nunca pasa nada hasta que sucede, y cuando pasa ya pasó.
Mario Moreno, *Cantinflas*

* transformado
A un expresidente lo apodaban la cebra. El burro que salió "rayado" del gobierno.
Enrique Galván Ochoa

* trasfronterizos
Somos 36 millones de origen mexicano los que vivimos en Estados Unidos, esto es 64% de la población latina allá. Sólo un ejemplo: Los Ángeles es la ciudad con más mexicanos en el mundo después de la Ciudad de México. Le siguen Texas, Nuevo México y Arizona.
David Maciel; entrevista de Enriqueta Cabrera, 2021

* tratado
Cierta vez, entre el famoso Gedeón (...) y un buen

amigo suyo, compraron un paraguas. Y el amigo le dijo a Gedeón:

-Para que ambos lo usemos, dividamos el tiempo por mitad: yo lo usaré en tiempos de aguas y tú lo usarás en tiempo de secas.

Éste es, en resumidas cuentas, a mi juicio, el tratado que nos proponen los americanos.

Manuel Gutiérrez Nájera, 1894

* triunfo

Rufino Tamayo decía que el único lugar donde han triunfado los campesinos es en los murales.

autor desconocido

* trofeo

(…) ¿quién que sea mexicano puede sentir haber hecho "una buena compra" si no logró, después de dilatadas discusiones, que le dejaran en veinte centavos menos una lechuga? Luego, en el refrigerador –cuyo precio no fue cuestionado- resplandecerá, jugosísima, única, *esa* lechuga, con el espectacular prestigio de haber sido regateada.

José Joaquín Blanco

* tuteo

Si le hablo de tú a Dios cuantimás al Presidente.

autor desconocido

* ubicación
Los mexicanos dicen que a la hora de hacerse una foto de grupo te tienes que colocar el primero por la izquierda. Es al primero que citan al pie de foto. Abajo, de izquierda a derecha, fulano de tal. Ése es el primer nombre que se cita. Y el único que se recuerda.
Manuel Vicent

* unanimidad
"Si hubiera un Toledo en cada estado, el país sería otro." Creo profundamente en lo repetidamente dicho por muchas voces, a las que me uno (…)
Demián Flores

* única
Yo conocí tarde Oaxaca, pero desde que estuve en ella la primera vez, de cuando en cuando me vienen ganas de volver, de extasiarme en sus azules, en sus lejanías, en sus horizontes que sólo lo son sí azules. ¿Dónde otros plenilunios? ¿En dónde otras noches así de prietas, todopoderosas? ¿Algunas dan esa sensación tan inmediata de que vinieron a quedarse para siempre? Las estrellas, los luceros oaxaqueños no tienen rivales conocidos: trémulos pétalos, encendidas flores en campo sin orillas: la inmensa nada.
Caminarla sin rumbo, por la sola dicha de andar, lo aparta a uno del mundo, de la prosa diaria de vivir, de estar aquí. Dura un instante el más largo recorrido. Y más si es por la noche, a la primera y a la última luz. Cuando tengas antojos de apartarte de la ciudad ruidosa ve a Oaxaca. Allí la vida se remansa, se aquieta: el pobre río se detiene mientras llega a la mar.
No te engaño, lector. No es amor de nativo lo que lleva

a decir estas cosas de la Vieja Antequera. Es que así son
las cosas.
Andrés Henestrosa

* universidad
La Universidad de México fue fundada en 1551 y en
1553 se le concedió el título de Real y Pontificia. Decía
José Vasconcelos que mientras México ya contaba con
una institución tan importante a mediados del siglo
XVI, los búfalos pastaban en los terrenos donde se
levantaría Harvard varios siglos después.
Alejandro Rosas

* urbanidad
Ese que (…) te dice muy ceremoniosamente: "Con todo
respeto…", y, sí, con todo respeto, acto seguido te
mienta la madre o te dice que eres un pendejo.
Juan Domingo Argüelles

* urbanismo
No habrá ríos en la capital. Definitivamente
desaparecerán los de Churubusco, La Piedad y el
Consulado (y el de Mixcoac, afluente del de
Churubusco). La metrópoli estará a salvo de
inundaciones.
El Universal, 1940

* usos
Según el clásico Corrupcionario Mexicano la frase "el
año de Hidalgo; ch… a su madre el que deje algo" se
volvió famosa durante el régimen postrevolucionario,
cuando los gobiernos en turno, antes de terminar su
mandato, cometían todas las formas posibles de
peculado: desde la disposición ilícita de los efectivos

sobrantes, para lo que se colocaban las tesorerías en el mismo edificio que el Ejecutivo –como en Palacio Nacional-, hasta la apropiación de cuadros, lámparas, ceniceros e incluso muebles que se transferían por la vía rápida al dominio de los felones. Esto ocurría en todos los órdenes de gobierno y en las diferentes ramas de la administración, sin excluir embajadas y consulados, sobre todo cuando los titulares eran de origen político. Ejemplo anacrónico del patrimonialismo, añeja deformación que diluye las fronteras entre lo público y lo privado y proviene de la alta Edad Media.

Legitimada por su reiteración, esta práctica se convirtió en regla no escrita de los sistemas políticos. Ejercida y heredada por todos. El arranque de la transición democrática no interrumpió esa costumbre, sino la perfeccionó.

Porfirio Muñoz Ledo

* valer

(…) esta expresión tan mexicana [me vale] resulta incompleta si no se le agrega otra, con la cual se hace más enfática: "me vale madres", "me vale gorro" o "me vale bolillo", sin olvidar, naturalmente, la más audaz de todas: "me vale verga". (…)

De "me vale madre" viene la expresión "valemadrismo". ¿Será esta actitud parte de la filosofía mexicana? Y nos contesta Jesús Flores Escalante: "El valemadrismo requiere atención de los sociólogos. Sus derivados son 'me vale' y 'valentín'." (…)

¿Por qué en estas expresiones tan nuestras jamás sale a relucir el padre? Que sepamos no se dice: "¡me vale padres!". El poeta Octavio Paz tiene la respuesta: "Mas lo característico del mexicano reside, a mi juicio, en la violenta, sarcástica humillación de la madre". La cuestión del origen, continúa Paz, es el centro secreto de nuestra ansiedad y angustia.

Guadalupe Loaeza

* variaciones

Hay que precisar que el maíz no sólo se convierte en tortillas, sino que se transforma en una muy amplia gama de variantes regionales: desde los tamales, en sus decenas de tipos diferentes, hasta los panuchos y salbutes; desde los atoles, pozoles y chilatoles, hasta las memelas, los huaraches y las chalupas; desde las picadas, las corundas y las gorditas, hasta los molotes, los sopes y las dobladas; desde los uchepos, los tlacoyos y las garnachas, hasta las enchiladas, los zacahuiles y las tostadas; desde las hojarascas, los tecocos y los pemoles, hasta los etabinguis, los padzitos y los xocoatoles; desde los piltamales, los xajoles y los papadzules, hasta las pellizcadas, los nacatamales y los xocotamales; desde los pitaúles, los nolochis y los totomoches, hasta los chocoles, los tapataxtles y los puxis; desde los nejos, el pinole y los champurrados, hasta los peneques, los cuatoles y las quesadillas; desde las paseadas, los timbales y las martajadas, hasta las cazuelitas, los garapaches y las barquitas; desde las canastillas, las memechas y las boronitas, hasta los turuletes y los ¡ahogaperros! En fin, este universo de productos del maíz va desde los totopos, las infladas, los bocoles y los chilaquiles, hasta un vasto repertorio derivado del maíz que sería prolijo inventariar aquí. (Eusébio Dávalos Hurtado informa que existen en México no menos de 700 formas de comer el maíz.) (…)

Con razón en *Suave Patria* de Ramón López Velarde se lee: "Patria, tu superficie es el maíz".

José N. Iturriaga

* variados

(…) los tamales (…) son, como todo en la vida, de chile, de dulce y de manteca.

Salvador Novo

* variantes

(...) hay muchas maneras de referirse al baile. Entre otras, se emplean: sonarle al cacle (del náhuatl, *cactli* zapato), raspar suela, gastar zapato, pisar callo, golpear las tarecuas (…) En salones y reuniones y "academias" de baile de poca monta, que no se caracterizan precisamente por lo refinado y las buenas maneras de los concurrentes, la manera de invitar a bailar a las damas, consiste en una seña con la cabeza que es sabido equivale a tal invitación, y si ésta se quiere hacer de palabra, se indica: (…) "¿Vamos a menear los caldos?"

Francisco Padrón

* vecinos
En el país de Frida, Pedro Páramo y José Alfredo, los disfrutes autóctonos colindan con la herida y el desgarramiento.
Juan Villoro

* veneración
(…) a todos los niveles del régimen porfiriano y cuya importancia sería permanente incluso para los gobiernos revolucionarios del siglo XX: venerar al indio muerto.
El positivismo liberal porfiriano creyó encontrar las raíces más profundas de la identidad nacional en el periodo precortesiano. Era necesaria la reivindicación social, moral e histórica del indio muerto, porque con los indios "vivos", como los yaquis en Sonora o los mayas en Yucatán, el Gobierno mantenía un estado de guerra y de exterminio permanentes. El anhelado progreso, sin embargo, no se entendía sin el reconocimiento de ese lejano pasado (…)
Alejandro Rosas

* ventaja
El mayor acierto comercial (y tal vez político si no poético o pictórico) de Diego Rivera y Clemente Orozco en sus pinturas murales es haber hecho una pintura mexicana de exportación, inmovilizándola sobre paredes que no se pueden exportar.
José Bergamín

* versátil
En México, el emperador-presidente entra como dios vivo y sale como payaso de las bofetadas. Quienes seis años antes reptan a sus pies, seis años más tarde le

lanzan escupitajos. Tan abyecta es la adulación al que sube, como la injuria al que baja.

José Emilio Pacheco; citado por Jorge Mejía Prieto

* versión

Cuenta el chisme entre políticos que la palabra "guarura" que cariñosamente se da a los guardaespaldas de políticos y otros personajes igualmente siniestros, tuvo su origen cuando el ex presidente Ruiz Cortines visitó un grupo tarahumara: que cuando llegó ante los jefes, rodeado de sus vigilantes, aquéllos lo saludaron diciendo "Sean bienvenidos tú y tus wa' ru ran", palabra que significa acompañante.

Roberto A. Ayala

* veterano

Ya no se pueden hacer guerras como la de Zapata, ahora habría una invasión y además ya pasó el tiempo en que me hervía la sangre, ya la tengo fría.

Bonfilio Díaz Riquelme, 75 años; citado por Jaime Avilés

* viajero

Me gusta tanto viajar que si me mandan a la chingada, me voy puebleando.

autor desconocido

* viajes

(…) los norteamericanos llegaron a la Luna y regresaron en un viaje perfecto, y nosotros no podemos ni siquiera llegar a nuestras casas porque hay conflictos de tránsito.

Jorge Ibargüengoitia

* vialidad

La tragedia de nuestro Patriotismo es vivir atrapado entre Insurgentes y Revolución.

Xavier Velasco

* vicio

Pocas cosas habrá más vanas que hablar por hablar. Y pocas cosas son tan del gusto de los mexicanos como hablar por hablar. Nos encanta el lenguaje como fin último, y todos nos confundimos en huecas tiradas, desde la tierna mecanógrafa hasta el poeta de ínfulas.

Ramón López Velarde

* vigente

(…) la comodidad que representa, en una sociedad que no lee ni medita, repetir por boca de ganso, tercamente y profusamente, la opinión preestablecida. Siempre constituirá una facilidad democrática la compra de ropa hecha. Bien vista la cuestión, es útil el charlatán que soba y soba lo que otros han pensado; como es útil el sastre que vende ropa hecha. Y no concibo que se tolere al sastre y al mismo tiempo se deteste al periodista que, por diez centavos, nos sirve todas las mañanas poesía hecha, política hecha, reportazgo como corbata roja y editorial como falda pantalón.

Ramón López Velarde, 1916

* vínculo

(…) el español de México percibe como insuficiente la palabra "amigo" y en su habla cotidiana prefiere decir "cuate". Cuate es una voz de origen náhuatl que significa hermano gemelo y así, entre nosotros, el amigo es un hermano, un semejante, un igual, un partícipe de nuestra sangre.

Germán Dehesa

* virtualidad
En México, lo que parece es.
Jesús Reyes Heroles

* vivencia
Cuando encuentras un hombre que ha cometido varios homicidios brutales, conversas con él y te cuenta de sus hijos, tiene contigo detalles de afecto, se te abren los ojos del alma y te das cuenta de que estás con una persona que es como tú. Esa lección no hay con qué pagarla. No te digo que te haga mejor o que te haga más feliz, pero sí te enriquece. Una cosa que yo aprendí a partir de Lecumberri es que ningún hombre tiene el derecho de juzgar a nadie.
Álvaro Mutis; citado por Elena Poniatowska

* vocablo
(…) creo que la estúpida palabra "gacho", que ha puesto de moda la hamponería mexicana, no pasará a ser ninguna expresión clásica en la literatura nacional, sino tal vez únicamente para definir a los malos escritores que nos atormentan.
José Revueltas

* vocacionales
La vocación de Xalapa es ser nostálgica: hasta en abril hay niebla. Ya que la niebla nos impide ver más allá de nosotros mismos, nos vemos forzados a mirar hacia dentro: el paisaje interior, lleno de recuerdos y fantasmas. Allí radica el origen de la nostalgia.
Carlos Spíndola

* vocho
Ibargüengoitia definió al taco de canasta como el

Volkswagen del taco "no es el mejor pero sí el más barato y llega a todas partes".
Juan Villoro

* vuelve
Es *vox populi* no sólo en nuestro país, sino en muchos otros, y desde antiguas épocas, que los mariscos, en primer lugar, tienen efectos afrodisiacos (…) La buena fama de los mariscos permitió crear en México el *Vuelve a la vida*, cóctel surtido de frutos del mar cuyo nombre tiene una connotación sexual.
José N. Iturriaga

* ya
La sociedad está en edad de merecer.
Carlos Monsiváis

* yucatecos
Hasta la fecha, los yucatecos siempre se cuecen aparte en el variado mole de olla que conforma la identidad nacional mexicana.
Antonio Garci

* Zaid

(…) Gabriel Zaid, el único intelectual, a decir de Enrique Krauze, que jamás ha saludado de mano a ningún presidente de la República, una de las premisas fundamentales para la real autonomía de un verdadero intelectual, según establece el código intelectual al que aspira la mayoría de los pensadores pero que muy pocos consiguen realizar.

Víctor Roura

* Zapotlán

Yo, señores, soy de Zapotlán el Grande. Un pueblo que de tan grande nos lo hicieron Ciudad Guzmán hace cien años. Pero nosotros seguimos siendo tan pueblo que todavía le decimos Zapotlán. Es un valle redondo de maíz, un circo de montañas sin más adorno que su buen temperamento, un cielo azul y una laguna que viene y se va como un delgado sueño.

Juan José Arreola

* Zócalo

En el Zócalo, que la hinchazón de la megalópolis reduce día a día, se han alborozado o exaltado tlatoanis y virreyes, obispos y presidentes de la República, caudillos y gobernantes de la ciudad, emperadores y plebe liberal, multitudes y turbas, tenderos del Parián y vendedores ambulantes, dictadores al mando de un ejército de medallas y visitantes ilustres, el barón de Humboldt, Charles de Gaulle, John F. Kennedy, Enrico Caruso y el papa Juan Pablo II, al lado de cobradores de la línea Zócalo-San Lázaro y usuarios del Metro, radicales y granaderos, escritores y lumpen proletarios...

(…) el Zócalo no discrimina y de todos los espacios

nacionales es con mucho el más renuente a la privatización.

(...) Desde 2001 el Zócalo es el recinto o el lugar sin límites de las concentraciones únicas (...), de los desfiles del Ejército, de las misas fuera del atrio, de las concentraciones lésbico-gays en un sábado de junio, de las Ferias del Condón, de las marchas de los de Atenco que protestan por la detención de sus líderes, de la llegada del Ejército Zapatista de Liberación Nacional ("Nunca más un México sin nosotros"), de grupos de la diversidad religiosa, de los contestatarios frente al Gobierno del DF, del plantón a favor del Voto por Voto, Casilla por Casilla, de los miedos muy pertrechados del gobierno federal, de conciertos incesantes, de la instalación artística de Spencer Tunick, de los mosaicos de flores, de las escenas de lucha libre (Tlaloc, el primer luchador científico contra Huitzilopochtli, el primer rudo), de los ritos aztecas (ya son otra cosa, como también lo son los ritos católicos).

Carlos Monsiváis

Este libro se terminó de imprimir en 2024